LIES UND HÖRE
ORTE DER DICHTUNG
UND MUSIK

DEUTSCHLAND BIBLIOTHEK

BAND 4

LIES UND HÖRE

ORTE DER DICHTUNG UND MUSIK

AUSGEWÄHLT UND PORTRÄTIERT
VON VOLKER GEBHARDT
FOTOGRAFIERT
VON HORST UND DANIEL ZIELSKE

DEUTSCHLAND BIBLIOTHEK

ERBE, VIELFALT UND
SCHÖNHEIT UNSERES LANDES

KNESEBECK

DÄNEMARK
Sylt
Flensburg
Schleswig
Husum
Kieler Bucht
Fehmarn
Gerhart-Hauptmann-Haus
Rügen
Hiddensee
Kloster
O s t s e e
N o r d s e e
Theodor-Storm-Museum
Kiel
Schleswig-
Holstein
Lübecker
Bucht
Rostock
Bad Doberan
Usedom
Ostfriesische Inseln
Lübeck
Wismar
Cuxhaven
Buddenbrookhaus
Mecklenburg-Vorpommern
Wilhelms-
haven
Hamburg
Schwerin
Mecklenburgische Seenplatte
Neubrandenburg
Bremer-
haven
Müritz
Emden
Johannes-Brahms-Museum
Laeiszhalle
Elbe
Uckermark
Ems
Oldenburg
Bremen
Lüneburg
Theodor Fontane
POLEN
Weser
Gransee
Brecht-Weigel-
Haus
Niedersachsen
Neuruppin
Oder
Celle
Elbe
Buckow
Nordhorn
Lingen
Weser
BERLIN
Hannover
Wolfsburg
Mittellandkanal
Potsdam
Berliner
Philharmonie
Frankfurt/Oder
NIEDERLANDE
Minden
Osnabrück
Spree
Teutoburger Wald
Salzgitter
Braunschweig
Wolfenbüttel
Magdeburg
Künstlerhaus
Schloss Wiepersdorf
Bielefeld
Weser
Hildesheim
Münster
Lessinghaus,
Herzog August Bibliothek
Brandenburg
Rhein
Musiktheater
im Revier
H a r z
Halberstadt
Wiepersdorf
Neiße
Ems
Sachsen-
Anhalt
Cottbus
Nordrhein-
Sachsen
Gelsenkirchen
Dortmund
Göttingen
Halle
Elbe
Duisburg
Essen
Ruhr
Kassel
Leipzig
Bach: Thomas-
Kirche, Gewand-
haus
Mendelssohn-Haus
Werra
Händel-Haus
Saale
Düsseldorf
Spree
Westfalen
Dresden
Fulda
Semperoper
Köln
Eisenach
Erfurt
Weimar
Siegen
Marburg
Jena
Aachen
Rhein
Bachhaus
Gotha
Chemnitz
Bonn
Hessen
Thüringen
Gießen
Annaberg
Beethoven-Haus
Wetzlar
Fulda
Gartenhaus an der Ilm;
Goethes Wohnhaus;
Liszt-Haus; Nietzsche-Archiv
BELGIEN
Lahn
Taunus
Eifel
Koblenz
Rhön
Hof
Ruinentheater
von Sanspareil
Rheinland-
Frankfurt/Main
Fichtel-
gebirge
TSCHECHISCHE
REPUBLIK
Wiesbaden
Offenbach
Spessart
Mosel
Mainz
Bernkastel-Kues
Main
Schweinfurt
Wonsees
Bayreuth
LUXEM-
BURG
Trier
Darmstadt
Bamberg
Opernhaus;
Richard-Wagner-Festspielhaus;
Haus Wahnfried
E.T.A. Hoffmann-Haus
Worms
Pfalz
Würzburg
Cusanusstift
Ludwigshafen
Mannheim
Rothenburg ob der Tauber
Erlangen
Oberpfälzer Wald
Heidelberg
Fürth
Nürnberg
Saarland
Kaiserslautern
Speyer
Saarbrücken
Philosophenweg
Heilbronn
Neckar
Altmühl
Regensburg
Bayerischer Wald
Karlsruhe
Deutsches
Literaturarchiv
Geburtshaus Schiller
Baden-
Marbach
Bayern
Passau
Isar
Donau
Stuttgart
Donau
Rhein
Cuvilliés-Theater
Tübingen
Augsburg
Schwarzwald
Ulm
Inn
Hölderlinturm
FRANKREICH
Lech
Württemberg
München
Chiemsee
Salzach
Freiburg
Annette von
Droste-Hülshoff
Hermann-Hesse-
Haus
Kempten
Gaienhofen
Meersburg
Konstanz
Allgäu
Bodensee
ÖSTERREICH
SCHWEIZ
Allgäuer Alpen
LIECHTEN-
STEIN

Inhalt

Einleitung

Deutschland ist bekanntlich das Land der Dichter und Denker. Dieses Schlagwort stammt aus dem frühen 19. Jahrhundert. Die französische Deutschlandreisende Madame de Staël hatte in ihrem einflussreichen Buch »De L'Allemagne« bald nach 1800 schwärmerisch von ihren Begegnungen mit den Literaten der Romantik berichtet. 1836 prägte Wolfgang Menzel, einflussreicher Literaturkritiker des Vormärz, das Urteil vom Land der Dichter in der noch heute geläufigen Form.

Bei der Musik ist die Sache komplizierter. Wertet man die Spielpläne der Orchester und Kammermusiker sowie der Liedersänger weltweit aus, kommt deutschen Komponisten ein Spitzenplatz zu. Doch von den wesentlichen Komponisten der Wiener Klassik wurde allein Beethoven in Deutschland geboren. Der Salzburger Mozart hatte zwar Augsburger Wurzeln (zudem gehörte das Fürstbistum Salzburg seinerzeit in den Einflussbereich des Münchner Kurfürstentums Bayern), trotzdem hat er in diesem Band keinen Platz gefunden; Salzburg und Wien liegen nun einmal im schönen Österreich, das bis in die Moderne hinein mit Wien ein grandioses Zentrum der Musikkultur vorzuzeigen hat, welches höchstens mit Paris vergleichbar wäre – nicht jedoch mit dem nachrangigen Berlin!

Dieser Band der DeutschlandBibliothek geht den Spuren der Dichtung und Musik in Deutschland nach. Ausgewählt wurden schwerpunktmäßig Häuser, in denen wichtige Repräsentanten deutscher Kultur geboren wurden, gewohnt haben oder aber ihren Lebensabend verbrachten. Die Spannweite reicht von Bach und Händel bis hin zu Brecht und Hesse. Meist sind die Gedenkstätten in den Häusern liebevoll eingerichtet und erlauben über die direkte Verbindung der Häuser zur Biografie hinaus einen sehr respektablen Überblick über das Leben und Werk der Dichter und Komponisten. Vielfach wird nicht nur die Wohnkultur einer Epoche greifbar, sondern es entfaltet sich das geistesgeschichtliche Panorama der Zeit in allen Facetten.

Manches Mal war es schwierig, die Auswahl zu beschränken. Allein mit Weimar und den thüringischen Nachbarorten ließe sich ein eigener Band spielend füllen. So konnten Schillers Wohnhaus in Weimar oder das hübsche Gartenhaus in Jena nur kurz erwähnt werden; dafür werden Schillers Geburtshaus und das Literaturarchiv im schwäbischen Marbach ausführlich gewürdigt. Umgekehrt erging es Goethe: Hier wurde aus Platzgründen Weimar der Vorzug vor Frankfurt gegeben, was aber keine qualitative Bewertung sein soll – einzigartig auf seine Weise ist auch das Geburtshaus Goethes am Main!

Wichtig war es mir, über die eigentlichen Gedenkstätten und Museen hinaus auch einige Konzertsäle und Theater aufzunehmen, die exemplarisch für das immer noch überaus reiche, im europäischen Vergleich konkurrenzlose deutsche Kulturleben stehen. Hier wollte ich den Bogen spannen von historischen Gebäuden bis zu Theatern der Nachkriegszeit, von Bachs Thomaskirche in Leipzig bis zum dortigen Gewandhaus oder der Philharmonie in Berlin.

Mit dem Mut zur Lücke und zu einigen pointierten Schwerpunkten wird so hoffentlich das vielfältige Kulturleben in Deutschland in seiner Geschichtlichkeit wie Aktualität greifbar. Wenn der Band Anregungen geben kann, den einen oder anderen Ort aufzusuchen, die CD eines berühmten Komponisten einzulegen oder das Buch eines großen Dichters und Denkers einmal wieder zur Hand zu nehmen – dann hätte der Autor eines seiner Hauptziele beim Schreiben erreicht.

Volker Gebhardt

Der Dichter der grauen Stadt am Meer

DAS THEODOR-STORM-MUSEUM IN HUSUM

GEBURT IN HUSUM, AM MARKT 9
1817
RECHTSANWALT IN HUSUM
1843–52
LANDVOGT UND AMTSRICHTER IN HUSUM
1864–80
GRÜNDUNG DER THEODOR-STORM-GESELLSCHAFT
1948
EINRICHTUNG DES THEODOR-STORM-ZENTRUMS
2006

Die Stadt Husum ist eng mit dem Namen Theodor Storms (1817–1888) verbunden. Der Dichter wurde hier geboren und liegt in der Familiengruft auf dem Husumer Friedhof begraben. Aus einer Juristenfamilie stammend, schlug auch er diese Laufbahn ein und machte eine solide Karriere, vom Landvogt bis zum Oberamtsrichter. Die preußisch-dänischen Konflikte waren der Grund, die Stadt für einige Jahre zu verlassen. Sein längstes »Exil« verbrachte er als Kreisrichter im erzkatholischen Heiligenstadt im thüringischen Eichsfeld 1856–64. Als sich der Pulverdampf verzogen hatte, wechselte er umgehend wieder in die Heimatstadt, die mit ihren Marschen, der Nordsee und dem Wattenmeer in der Nähe den Urgrund seiner Lyrik und Novellen bildete. Nach der Pensionierung wurde Storm Husum doch noch untreu: Er zog ein Stück weiter nach Süden und baute sich in Hademarschen ein ansehnliches Backsteinhaus, schrieb hier als spätes Hauptwerk den *Schimmelreiter* und verstarb auch dort. Das Begräbnis fand aber unter großer Anteilnahme der Bevölkerung wiederum in Husum statt.

Storms Leben war ein bürgerliches, sortiertes. Er war mit den Historikern Mommsen befreundet, kannte Fontane, Keller und Turgenjew gut. Er fühlte sich wohl im Umkreis von Dichterkollegen, die wie er einem kritischen Realismus verbunden waren. Nach den 1850er-Jahren publizierte

EINGANGSDOPPELSEITE, LINKS, VORHERIGE DOPPELSEITE UND RECHTS Die Innenräume des Storm-Hauses in Husum illustrieren mit ihrer reichen, größtenteils historischen Einrichtung das Leben eines bürgerlichen Dichters, der als Jurist sein kommodes berufliches Auskommen hatte. Beim Durchschreiten wird die Wohnkultur des 19. Jahrhunderts, vom Biedermeier bis zur Gründerzeit, eindrucksvoll erfahrbar.

er ohne größere Unterbrechungen Stück für Stück seine Novellen und Gedichte. Vom großen Roman hielt er sich fern, der Novelle als knapper Erzählform gab er den Vorzug. Dazu schrieb er einmal: »Die Novelle ist die strengste Form der Prosa-Dichtung, die Schwestes des Dramas.« Mit seinen Erzählungen, die meist einen lokalen, norddeutschen Ton anschlagen, war er weithin erfolgreich – und ist es noch heute: Wer hat im Schulunterricht nicht »Pole Poppenspäler«, »Aquis submersus« oder den »Schimmelreiter« lesen müssen oder dürfen?

Storms Biografie ist völlig frei von Skandalen geblieben, darin Theodor Fontane nicht unähnlich. Nur einmal geriet er in eine persönliche Lebenskrise, als seine erste Ehefrau Constanze nach fast 20 Ehejahren, aus denen sieben Kinder stammten, 1865 starb. Bevor er zur Kur nach Baden-Baden fuhr, schrieb Storm auf dieses einschneidende Ereignis hin einen seiner schönsten Gedichtzyklen: »Tiefe Schatten«. Die Lyrik Storms wird meist weniger beachtet als die Novellen, zu Unrecht. Sie gehört zum Besten, was im 19. Jahrhundert geschrieben wurde.

Husum ist auf Grund eines berühmten Storm-Gedichts von 1851 zur »grauen Stadt« geworden, und grau gestrichen ist auch sein schmuckes Wohnhaus, das in zweiter Reihe hinter dem Husumer Hafenbecken steht.

In den zwei Stockwerken sind Gedenkräume und eine schöne Ausstellung zu Leben und Werk zu sehen, wobei dem späten »Schimmelreiter«, den Storm ausgerechnet nicht in Husum, sondern 1886–88 in Hademarschen schrieb, besonderes Augenmerk gilt. Das Storm-Zentrum verbindet Archiv und Museum. Wer sich für den Dichter interessiert, wird an diesem zentralen Ort in jedem Fall fündig.

Eine gute Zusammenfassung seines Lebens besorgte Fanny (»Franziska«) zu Reventlov (1871–1918). Die sicher bedeutendste Husumer Literatin, die nach 1900 zur schillernden Femme fatale der Münchner Bohème wurde, schrieb bald nach Storms Tod einen vergleichsweise braven Nekrolog, der mit dem Begräbnis des Dichters schließt:

»In seiner grauen Stadt am Meer liegt er begraben, auf dem kleinen, lindenbeschatteten, alten Kirchhof. Die Husumer haben ihren Dichter nicht vergessen und legen ihm noch manchen roten Heidekranz auf die schmucklosen, grauen Steinplatten nieder, welche die Storm'sche Familiengruft decken. In seinem Testament hatte Storm ausdrücklich verlangt, ohne Geistlichen und ohne Glockenklang begraben zu werden. Kurz vor seinem Tode hatte er noch einmal darauf hingewiesen, daß er sein letztes Bekenntnis in folgenden Worten seines Gedichtes ›Ein Sterbender‹ niedergelegt habe:

Auch bleib' der Priester meinem Grabe fern,
Denn nicht geziemt sich's, daß an meinem Sarge
Protest gepredigt werde dem, was ich gewesen,
Indeß ich ruh' im Bann des ew'gen Schweigens.«

Hübsches Dichtermuseum eines Nordlichts im Exil

Am Sterbehaus Storms in Hademarschen ist lediglich eine Plakette angebracht, die an den Dichter und die Novelle »Der Schimmelreiter«, die hier als Alterswerk entstand, erinnert.

Weit entfernt vom geliebten Schleswig-Holstein gedenkt das thüringische Heiligenstadt sehr viel intensiver seines Kreisrichters und des Dichters Storm im Dichtermuseum. In einem wunderhübschen Fachwerkhaus von 1436 überrascht die 2005 liebevoll eingerichtete Dauerausstellung mit einer überlegten Präsentation, von alten Möbeln und Erinnerungsstücken bis zu Dokumenten der literarischen Produktion Storms während der acht Jahre im Eichsfeld.

Anno Dominus providebit 1758

Späte Rückkehr eines deutschen Weltbürgers

DAS BUDDENBROOKHAUS IN LÜBECK

KINDHEIT UND JUGEND IN DER BREITEN STRASSE UND DER BECKERGRUBE

1875–94

BESUCHE IM HAUS DER GROSSMUTTER IN DER MENGSTRASSE (BUDDENBROOKHAUS)

VERÖFFENTLICHUNG DES ROMANS »DIE BUDDENBROOKS«

1901

ZERSTÖRUNG DES BUDDENBROOKHAUSES

28. MÄRZ 1942

EINRICHTUNG ALS HEINRICH-UND-THOMAS-MANN-ZENTRUM

2000

Wenige Monate nach dem Tod Hitlers und dem Ende des Zweiten Weltkriegs begründete Thomas Mann (1875–1955) noch aus Amerika in einem von vielen Seiten angefeindeten »Offenen Brief« an Walter von Molo: »Warum ich nicht nach Deutschland zurückkehre«. 1949 kam es schließlich doch zu einem Besuch in der alten Heimat. Mann nahm die Einladung ins völlig zerstörte Frankfurt am Main und nach Weimar an, um dort zu Goethes 200. Geburtstag zu sprechen. Am 11. Juni 1953 stattete Thomas Mann dann gemeinsam mit seiner Frau Katia seiner Geburtsstadt Lübeck den ersten Besuch nach dem Krieg ab. Dort entstand jenes berühmt gewordene Foto, das das Ehepaar vor dem ausgebrannten »Buddenbrook-Haus« zeigt; einzig die Fassade stand noch. Auch die Turmstümpfe der stark zerstörten Marienkirche gegenüber ragten noch als Ruinen in den Himmel. Was muss dies für ein Eindruck gewesen sein nach all den Jahren?

Thomas Mann wurde in der Breiten Straße geboren und wuchs in einem Haus in der Beckergrube auf; die Großmutter väterlicherseits bewohnte jedoch das Haus in der Mengstraße, das durch die für Lübeck typischen Gänge, die die Straßen durch die Gärten miteinander verbinden, rasch erreicht werden konnte. Oft war der kleine Thomas in diesem Haus zu Gast. Mit seinem Roman »Die Buddenbrooks« schuf Mann dem Lübecker

EINGANGSDOPPELSEITE, LINKS
Die Fassade des Buddenbrookhauses wurde 1758 einem viel älteren Patrizierhaus vorgeblendet – wie man es bei vielen Häusern in der Lübecker Altstadt beobachten kann. Dies ist ein Beleg für den anhaltenden Reichtum des lübischen Bürgertums auch nach dem Niedergang der Hanse. Die Doppelfenster des Erdgeschosses wurden im 16. Jahrhundert zur Beleuchtung der hohen Diele eingebaut. Nach den Kriegszerstörungen wurde das Gebäude innen komplett neu gestaltet.

Barockhaus der Großmama dann ein bleibendes literarisches Denkmal, für das er 1929 mit dem Nobelpreis für Literatur belohnt wurde.

1894 kehrte Mann seiner Heimatstadt den Rücken und ging nach München, war aber im Gegensatz zu seinem Bruder Heinrich Mann (1871–1950) noch hin und wieder in Lübeck. Die alte Hansemetropole blieb immer ein Ort historischer Reflexion für ihn. Zur 700-Jahr-Feier Lübecks hielt Mann dort 1926 einen Festvortrag unter dem Titel »Lübeck als geistige Lebensform«, in dem er die hanseatische Weltoffenheit mit seinem eigenen (Demokratie-) Verständnis als Deutscher und Europäer in Verbindung brachte. Und auch in seinem ersten »Lebensabriss«, den er 1930 an die Schwedische Akademie als Nachtrag zur Nobelpreisverleihung schickte, erinnerte er sich an die Lübecker Kindheit:

»Meine Kindheit war gehegt und glücklich. Wir fünf Geschwister, drei Knaben und zwei Schwestern, wuchsen auf in einem eleganten Stadthause, das mein Vater sich und den Seinen erbaut hatte, und erfreuten uns eines zweiten Heims in dem alten Familienhause bei der Marienkirche, das meine Großmutter väterlicherseits allein bewohnte und das heute als das Buddenbrook-Haus einen Gegenstand der Fremdenneugier bildet.«

Die »Fremdenneugier« kann heute aufs Schönste ausgelebt werden. Im Inneren des Hauses wurde im Jahr 2000 das »Heinrich-und-Thomas-Mann-Zentrum« eingerichtet, das zweifellos zu den schönsten Dichtermuseen Deutschlands zählt. Zwei Themen sind ganz unterschiedlich präsentiert und ergänzen sich vielleicht deshalb auf das Beste: Zunächst betritt man die offen gestaltete Raumfolge mit der umfassenden Dokumentation zum Thema: »Die Manns – eine Schriftstellerfamilie«. Die Erweiterung auf den Familienkreis macht bei den vielfältigen Querbezügen großen Sinn und vermeidet vor allem den allzu gängigen Kurzschluss: Da gab es den großen Thomas, dann vielleicht noch den sperrigen Heinrich und dann den ganzen Rest der Manns drumherum und hintendran. In den Sektionen »Herkunft – Lebenswege – Leiden an Deutschland – Abschiede – Spuren« wird genau diese Engführung vermieden.

In der Beletage des alten Familiensitzes der Manns wurde diesen ersten Schwerpunkt ergänzend ein Wunderland der Literatur rekonstruierend eingerichtet. Wir tauchen ein in die Welt der »Buddenbrooks – ein Jahrhundertroman«. Der Besucher kann sich atmosphärisch wie inhaltlich in den Roman hineindenken, bekommt genügend audiovisuelle Anregungen, die das Gelesene auffrischen oder zum Lesen oder Hören des Textes anregen. Und schließlich überschichtet sich die Geschichte der Manns in diesem Haus mit der fiktiven der Buddenbrooks beim Betreten von Speisesaal und »Götterzimmer«. Hier sind wir im Herzen des Romans wie im fiktiven Herzen des Hauses angekommen, das doch immer auch ein reales gewesen war. Die Eindrücke werden beim Blick aus dem Fenster auf den gotischen Riesenbau von St. Marien gegenüber immer wieder auf den Ort zurückprojiziert, der Thomas Mann, den deutschesten Weltbürger der europäischen Literatur, zeit seines Lebens beschäftigte: Lübeck.

VORHERIGE DOPPELSEITE In der Beletage rekonstruierte man zwei Zimmer, wie Thomas Mann sie in »Die Buddenbrooks« beschrieb; hier der Blick aus dem Landschaftszimmer in den Speisesaal, der im Roman das »Götterzimmer« genannt wird. Die verhängten Möbel können als Verweis auf das Aussterben der Familie im Roman gelesen werden. Oder sie beschreiben Freistellen, die in der Fantasie des Besuchers ausgefüllt werden können, wenn sich dieser, in Fortsetzung des Romans, vorstellt, wie die Personen erneut auftreten und das Geschehen seinen Lauf wieder aufnimmt – eine raffinierte Form musealer Inszenierung von Literatur.

Noch ein Nobelpreisträger in Lübeck: Günter Grass

Seit 2002 wird in der Lübecker Altstadt auch das vielfältige Werk eines weiteren Literaturnobelpreisträgers in herausragender Weise präsentiert: Hinter dem etwas sperrigen Namen »Günter-Grass-Haus. Forum für Literatur und Bildende Kunst« präsentieren die Ausstellungsräume und der hübsche Museumsgarten Einblicke in die Werkstatt des Dichters, aber vor allem auch Beispiele der umfangreichen grafischen Arbeiten des bildenden Künstlers Grass. Besonders betont wird der Umstand, dass Grass, der seit 1995 in der Nähe von Lübeck wohnt, sein Büro im selben Barockhaus in der Glockengießerstraße 21 hat, die Verzahnung zwischen Museum und Person des Schriftstellers demnach besonders intensiv ist. Vielfältige Aktivitäten und Sonderausstellungen runden das Programm des Hauses ab.

Auf musikalischer Spurensuche in der Hansestadt

JOHANNES BRAHMS IN HAMBURG

JOHANNES BRAHMS IN HAMBURG GEBOREN

1833

ENDGÜLTIGER UMZUG NACH WIEN

1863

EHRENBÜRGER DER STADT HAMBURG

1889

AUFSTELLUNG DES BRAHMS-DENKMALS IN DER LAEISZHALLE

1909

GRÜNDUNG DER JOHANNES-BRAHMS-GESELLSCHAFT

1969

EINRICHTUNG DES JOHANNES-BRAHMS-MUSEUMS

1971

Es ist schon eigenartig: Hamburg bietet mit den Programmen von Staatsoper, Laeiszhalle, bald Elbphilharmonie plus einer Vielzahl hochkarätiger Orchester und Musikensembles einen reich gedeckter Tisch für jeden Musikliebhaber. Dagegen steht der nonchalante Umgang mit der eigenen Musikgeschichte, die so gut wie gar nicht in Ausstellungen, Gedenkstätten oder gar einem zentralen Museum thematisiert wird. Und hier gäbe es Stoff, nach dem sich jede andere Großstadt sehnen würde.

Allein die Operngeschichte der Hansestadt ist herausragend; im frühen Barock gab es in Deutschland keinen vergleichbaren Ort: Bereits 1678 wurde die erste Oper am Gänsemarkt eröffnet. Als Händel sich überlegte, wohin er als protestantischer Komponist gehen könne, war 1703 ganz klar Hamburg als Opernmetropole des Nordens seine erste Wahl. Dazu kommt die Orgel-, Chor- und Orchestermusik des Barock – welche Fülle auch hier, etwa in der reichen Kirchenmusiktradition! Allein Telemann und Carl Philipp Emanuel Bach seien genannt – Bach wurde 1798 in St. Michaelis begraben. Wie schön wäre eine umfassende Darstellung dieser großen Epochen des hanseatischen Musiklebens; zu mehr als zwei eher marginalen Sektionen im sonst so ausführlichen Museum für Hamburgische Geschichte reichte es nicht.

EINGANGSDOPPELSEITE, LINKS Im Jahr 1904 bekam Max Klinger den Auftrag, ein Brahms-Denkmal für die neue Hamburger Konzerthalle zu gestalten. Er reiste umgehend nach Italien, um in Carrara einen passenden Marmorblock auszuwählen. Nach Fertigstellung 1909 wurde die Figurengruppe zunächst in Berlin gezeigt, wo der von allegorischen Damen umringte Brahms gemischte Reaktionen hervorrief. Der Maler Max Beckmann urteilte vernichtend: »Scheußlich, einfach unhaltbar in jeder Beziehung.« Dann erst kam das Denkmal im neobarocken Foyer der Laeiszhalle zur Aufstellung. Dort hat es noch heute als Hauptwerk der symbolistischen Skulptur einen unbestrittenen Ehrenplatz.

GEGENÜBER Blick auf den Eingang des Brahms-Museums in Hamburg, das in einem der wenigen noch erhaltenen barocken Bürgerhäuser eingerichtet wurde und an den großen Komponisten und Sohn der Hansestadt erinnert.

Johannes Brahms (1833–1897) wird immerhin in einem eigenen kleinen Museum gewürdigt, das seit 1971 in einem der seltenen Barockhäuser der Hamburger Innenstadt untergebracht ist. Die Johannes-Brahms-Gesellschaft kümmert sich um die Gedenkstätte. Das Fachwerkhaus, in dem Brahms unweit davon als Sohn eines einfachen Musikers der Hamburger Bürgerwehr geboren wurde, verbrannte 1943 im Feuersturm. Die Eltern erkannten früh die Begabung des Sohns und ermöglichten trotz klammer Familienkasse einen exzellenten Klavier- und Kompositionsunterricht bei Eduard Marxsen, der als Pianist ein Lokalmatador war, recht brav komponierte und die Altonaer Liedertafel leitete. Immerhin vergaß ihn der einstige Schüler auch später nicht: Brahms widmete ihm, längst in Wien wohnhaft und einer der bekanntesten europäischen Komponisten, sein 2. Klavierkonzert B-Dur op. 83.

Die erste Hamburger Zeit schloss der junge Pianist und angehende Komponist 1853 mit einer Deutschlandreise ab, die insbesondere die erste Begegnung mit Clara und Robert Schumann ermöglichte – mit dem bekannten Effekt, dass der berühmte Schumann den jungen Brahms in einem Zeitschriftenaufsatz als den »Berufenen« schlechthin pries, was Brahms leider völlig einschüchterte und über Jahre hinaus beinahe blockierte. Noch wichtiger jedoch: Schumann drängte seine Verleger, die ersten Kompositionen des jungen Brahms zu drucken, und die Tantiemen hieraus flossen zu einem Gutteil nach Hamburg, um die Familie finanziell zu unterstützen. Brahms besuchte Hamburg auch während seiner kurzen Tätigkeit in Detmold regelmäßig. 1859–61 leitete er dann den Hamburger Frauenchor und hatte noch einmal seinen Lebensmittelpunkt an der Elbe. Brahms blieb der Familie und den Freunden in Hamburg auch dann noch verbunden, als er 1863 die Leitung der Wiener Singakademie übertragen bekam. Die endgültige Übersiedlung nach Wien erfolgte, als er den erhofften Posten als Leiter der Philharmonischen Konzerte in seiner Heimatstadt nicht erhalten hatte. Die Hansestadt hatte ihren begabtesten Komponisten damit für immer verloren. Es blieb ihr nur, ihm 1889 die Ehrenbürgerwürde anzutragen.

Das kleine Brahms-Museum zeigt wichtige Wegstationen, auch wenn die Art der Ausstellung schon etwas in die Jahre gekommen ist. Aus der

BRAHMS
MUSEUM
JOHANNES BRAHMS GEB. 7.5.1833 HAMBURG

Kunsthalle bekam das Museum eine posthum entstandene Brahms-Büste der Künstlerin Ilse Conrat von 1903, die auch Brahms' Grab in Wien gestaltete.

Als ob die Hanseaten etwas gutzumachen gehabt hätten, haben sie Johannes Brahms an anderer Stelle gleich mehrere Denkmäler gesetzt. 1904–08 förderte der Reeder Carl Laeisz den Bau einer neobarocken Musikhalle mit mehr als 2000 Plätzen, die nun seit 2005 offiziell seinen Namen trägt. Im Foyer der Laeiszhalle grüßt ein monumentales Marmormonument, das den alten Brahms, umgeben von allegorischen Figuren, zeigt.

Max Klinger, der Spezialist für solche Aufträge mit Jugendstileinschlag, schuf das Denkmal 1909. Doch damit nicht genug: Der Platz vor dem Konzertgebäude trägt heute den Namen des Komponisten, und gleich zwei etwas merkwürdige Denkmäler erinnern an Brahms: einmal eine abstrakte Metallskulptur von Maria Pirwitz von 1981 sowie ein Granitwürfel von Thomas Darboven, der auf jeder Seite ein Porträt des Komponisten eingraviert hat. Drei Denkmäler und ein Platz, so kann eine späte Ehrenrettung aussehen! Die Hamburger seien aber getröstet: In Wien erging es Brahms nicht besser: Hier muss immer noch ein Gedenkraum im Haydn-Wohnhaus für ihn reichen. In einer Stadt mit den herrlichsten Musikergedenkstätten ist das ein bisschen mager. Dafür bekam der Komponist ein Ehrengrab zwischen Beethoven und Schubert auf dem Zentralfriedhof, immerhin!

GEGENÜBER Die Laeiszhalle zählt zu den schönsten Konzerthäusern der Gründerzeit, die sich in Deutschland erhalten haben. Die Architekten entschieden sich bei Baubeginn 1904 für einen holländisch geprägten Stil des Neobarock und schufen damit eine Verbindung zu anderen Hamburger Bauten wie der Pfarrkirche St. Michaelis und zu zahlreichen Patrizierhäusern des 18. Jahrhunderts.

Viel Brahms in Lübeck und Heide

Obwohl Brahms mit Lübeck biografisch nichts zu tun hatte, hat die Hansestadt ihm eine großartige Erinnerungs- und Forschungsstätte beschert: 1990 wurde das Brahms-Institut an der Musikhochschule gegründet, in das die herausragende Sammlung Hofmann einging. Damit verfügt Lübeck über eine der besten Sammlungen an Brahmsiana, an Autografen und anderen Unikaten. Die Schätze werden alternierend in Ausstellungen gezeigt.

Auch in Heide waren engagierte Musikliebhaber nicht untätig, gründeten 1987 die Brahms-Gesellschaft Schleswig-Holstein, die dann das ehemalige Haus der Eltern Brahms' erwarb, in dem diese vor dem Umzug nach Hamburg wohnten, und hübsch mit Stilmöbeln museal einrichtete. Noch fehlen originale Brahms-Andenken, aber das Haus ist ein schöner Beweis dafür, wie Bürgersinn auch aktuell etwas bewegen kann.

Refugium und Grab des Dichterfürsten

DAS GERHART-HAUPTMANN-HAUS IN KLOSTER AUF HIDDENSEE

ERSTER BESUCH AUF HIDDENSEE ALS TEIL DER HOCHZEITSREISE
1885
KAUF DER VILLA SEEDORN IN KLOSTER
1930
UMBAU UND NEUER FLÜGEL IN DEN FOLGEJAHREN
NUTZUNG ALS SOMMERHAUS
BIS 1943
EINRICHTUNG ALS MUSEUM
1956

Den Dichter Gerhart Hauptmann (1862–1946) verbindet biografisch einiges mit dem Komponisten Richard Strauss (1864–1949). Dies ist nicht im Sinne der gegenseitigen Begegnung oder gar Freundschaft zu verstehen, wohl aber im Sinne paralleler künstlerischer Entwicklung. Beide begannen als Revolutionäre, doch lösten sie sich trotzdem nie ganz aus den spätromantischen Vorstellungen ihrer ersten Lebenshälfte. Strauss öffnete mit seinen ersten Tondichtungen sowie den Opern »Salome« (1905) und »Elektra« (1909) das Tor zur Moderne. Dem übermächtigen Wagnerismus erteilte er eine Absage, indem er mit nochmals gesteigerten musikalischen Mitteln zum Ausdruck brachte: Es geht auch anders! Hauptmann seinerseits durchlüftete die mittlerweile erstarrte Dramenkunst des Wilhelminismus und begründete mit formal avancierten und sozialkritischen Stücken den »Naturalismus«: Auf »Vor Sonnenaufgang« (1889) und »Die Weber« (1892), aber auch eine lakonisch-rabenschwarze Erzählung wie »Bahnwärter Thiel« (1887) beriefen sich viele Künstler des 20. Jahrhunderts. Beide nahmen ihre kühnen Neuerungen im Anschluss zurück oder banden diese in die Tradition ein: Strauss in der Wiederentdeckung Mozarts, Hauptmann im Rückzug auf das Märchen, die deutsche Geschichte und später dann auf die antike Mythologie. Dies war die Zeit des Ruhms, der Preisverleihungen, bei

EINGANGSDOPPELSEITE, LINKS Eines der Schlafzimmer, die sich Hauptmann nach 1930 im Obergeschoss der »Villa Seedorn« einrichten ließ.

VORHERIGE DOPPELSEITE Blick auf die hübsche »Villa Seedorn«, die im für Hiddensee typischen Stil der gründerzeitlichen Villenarchitektur errichtet wurde. Nachdem Hauptmann das Haus gekauft und umgebaut hatte, ließ er in Backstein den Anbau errichten, der sich in seiner schlichten Bauweise von der bunten »Villa Seedorn« abhebt. Er ist links im Bild zu sehen. Dort waren das Arbeitszimmer und ein großzügiger Salon untergebracht.

Hauptmann kulminierend im Nobelpreis für Literatur 1912. Bereits seit 1901 lebte Hauptmann wieder in seiner schlesischen Heimat im fürstlichen Haus Wiesenstein wie eine unzeitgemäße Version des Dichterfürsten Goethe, dem er sich auch in Habitus und Optik mehr und mehr anglich.

Zu Beginn der NS-Diktatur 1933 dienten sich beide Künstler dem Regime an. Strauss widerstand nicht dem Angebot, Präsident der gleichgeschalteten neuen Reichsmusikkammer zu werden, Hauptmann sandte Ergebenheitsadressen Richtung Berlin und wurde noch im Sommer 1933 Mitglied der NSDAP. Die Ernüchterung folgte bald. Doch ihre Abwendung vom Regime war für beide Künstler mehr eine Geschmacksfrage, eine ästhetische Entscheidung, und hatte keine politischen Gründe.

Als Hauptmann 1945 einen Sanatoriumsaufenthalt bei Dresden verbrachte, erlebte er dort den Feuersturm des 13. Februar; und schrieb seine berühmt gewordenen Sätze: »Wer das Weinen verlernt hat, lernt es wieder beim Untergang Dresdens. Ich stehe am Ausgangstor meines Lebens und beneide meine toten Geisteskameraden, denen dieses Erlebnis erspart geblieben ist.« Über Strauss wie über Hauptmann brach 1945 eine Welt zusammen, die sie zuvor mitgetragen hatten.

Bei der erzwungenermaßen nicht in Schlesien, sondern in Stralsund vorgenommenen Trauerfeier hielten Wilhelm Pieck, Johannes R. Becher und der sowjetische Kulturoffizier Tjulpanow die Reden – eine befremdliche Vorstellung, obwohl man bedenken muss, dass Hauptmanns frühe sozialkritische Werke in der Sowjetunion immer noch eine gute Presse hatten. Am 28. Juli 1946 wurde er dann »Vor Sonnenaufgang« auf dem Inselfriedhof von Kloster auf Hiddensee bestattet. Seit 1951 erinnert dort ein schlichter Granitfindling an ihn.

Auf Hiddensee besaß Hauptmann seit 1930 ein Sommerhaus. Im selben Jahr 1930 bezog Thomas Mann sein Haus in Nida/Nidden auf der Kurischen Nehrung. Allerdings besuchte Mann 1932 im Sommer vor seinem Exil das letzte Mal diesen Ort, während Hauptmann auf Hiddensee bis 1943 jedes Jahr geruhsam Urlaub machte! Hauptmanns »Haus Seedorn« wurde 1956 als Museum eröffnet. Die Einrichtung ist im Wesentlichen so erhalten, wie sie der Dichterfürst mitten im Zweiten Weltkrieg zum letzten Mal sah: Der »Kreuzgang« verbindet das Haus mit einem Anbau, in dem Hauptmanns repräsentatives Arbeitszimmer liegt sowie das Abendzimmer mit dem herrlichen Blick über den Garten auf Insel und Meer. Es fällt schwer, hier nicht ins Schwärmen zu kommen, aber es ist auch nur recht und nicht billig, sich den Zeitraum 1930 bis 1943 vor Augen zu halten, als der Schriftsteller trotz aller späterer Friktionen mit den Nationalsozialisten auf der Liste der Gottbegnadeten des Führers landete, was ihm den Kriegsdienst und Volkssturm ersparte.

GEGENÜBER Blick in den Salon des Anbaus, den Hauptmann errichten ließ, da die Villa ihm nicht genug Platz bot. Hier konnten größere Räumlichkeiten geplant werden, die dem Repräsentationsbedürfnis des Dichterfürsten entsprachen. Der Salon verbindet die Funktionen eines Wohn- und Empfangsraums mit denen der Bibliothek. Panoramafenster eröffnen einen weiten Blick über die Insel Hiddensee.

Hauptmann in Erkner vor Berlin

Die Villa Lassen in Erkner bei Berlin bewohnte Hauptmann mit seiner frisch angetrauten Ehefrau Marie Thienemann 1885–89. Er selbst schrieb später, diese vier Jahre im märkischen Sand seien Eckpfeiler seines Lebens gewesen. Die Schlüsselwerke »Vor Sonnenaufgang« und »Bahnwärter Thiel« entstanden hier. Im Haus befindet sich heute das Gerhart Hauptmann Museum, das als Einziges in Deutschland das Gesamtwerk des Dichters würdigt. Die verfügbaren Nachlässe aus Radebeul und Agnetendorf sind hier versammelt wie auch Teile der Inneneinrichtung aus dem schlesischen Haus ebenso wie die Privatbibliothek des Dichters.

Der Dichter und seine Schatzkammer

DAS LESSINGHAUS UND DIE HERZOG AUGUST BIBLIOTHEK IN WOLFENBÜTTEL

BAU DES BIBLIOTHEKARSHAUSES
UM 1735
BEWOHNT VON LESSING ALS BIBLIOTHEKAR
1770–81
BEGRÜNDUNG DER WOLFENBÜTTELER BIBLIOTHEK
1572
BAU DER ERSTEN BIBLIOTHEK (ROTUNDE)
1706–10
NEUBAU
1884–87

Die Herzöge von Braunschweig-Wolfenbüttel gehörten zu den Fürsten, die bescheidenen politischen Einfluss durch besonderes kulturelles Engagement ausglichen, um trotzdem in der großen Liga der Herzogtümer mitzuspielen. Herzog August hatte eine der großen Bibliotheken Europas zusammengestellt, bevor er mehr aus Zufall Regent wurde; sein Sohn, Herzog Anton Ulrich, kaufte exquisite Gemälde in ganz Europa. 1688–94 ließen die Herrscher von Braunschweig-Wolfenbüttel im Dörfchen Salzdahlum eine prächtige Sommerresidenz erbauen, samt einer eigenen Gemäldegalerie – damals eine absolute Novität in Europa. Doch die Einrichtung dieses welfischen Versailles half wenig; einige Jahre später wendete sich das politische Glück: 1702 mussten die Wolfenbütteler die Kurfürstenwürde dem Familienzweig Braunschweig-Lüneburg abtreten. Hannover etablierte sich nun als politisches Zentrum der Macht. Die Besetzung des englischen Königsthrons mit einem Welfen von dort aus stellte die kleine Residenzstadt Wolfenbüttel endgültig ins politische Abseits. Vom heutigen Standpunkt des Kulturinteressierten ist dies ein großes Glück: Weil kein Geld mehr da war, erhielt sich die Residenz mit den Gebäuden der Hofhaltung so unverfälscht wie kaum irgendwo sonst in Deutschland. Nur das riesige Schloss von Salzdahlum suchen wir vergeblich – es wurde bald nach 1800

EINGANGSDOPPELSEITE, LINKS, UND VORHERIGE DOPPELSEITE
Blick in den Augusteersaal der Herzog August Bibliothek. Der Hauptsaal der Bibliothek besticht durch den monumentalen Eindruck der herzoglichen Sammlungen, die über drei Ebenen hinweg den Raum beherrschen. Die moderne Umgestaltung der gründerzeitlichen Architektur und Deckenmalerei ist gelungen, und die Sitzmöbel von Arne Jacobsen und Eero Saarinen harmonieren wunderbar mit den originalen Bucheinbänden des Barock.

bis auf den letzten Fachwerkbalken abgetragen. Die wertvollen Gemälde kamen nach Braunschweig und sind heute Kernbesitz des wunderschönen Herzog-Anton-Ulrich-Museums.

Am Westrand der kleinen Fachwerkstadt Wolfenbüttel ist mit Schloss, Kleinem Schloss, Zeughaus und Bibliothekarshaus sowie den Hofbeamtenhäusern ein stimmiges Ensemble provinzieller Hofkultur erhalten geblieben. »Provinziell« war die Büchersammlung jedoch keinesfalls. Sie umfasste gegen 1700 mehr als 50 000 Schätze – für eine damalige Bibliothek ein riesiger Bestand. Die Wolfenbütteler Herrscher wussten um ihren Schatz und gewannen herausragende Geistesgrößen als Bibliothekare. Zunächst engagierten sie den Philosophen Leibniz, dann zog einige Jahrzehnte später Gotthold Ephraim Lessing (1729–1781) in das Beamtenhaus ein, das eher an ein kleines französisches Stadtpalais erinnert als an eine

GEGENÜBER Hofansicht des Lessinghauses, das um 1735 als kleines Stadtpalais im französischen Stil errichtet worden war. Hier wohnte Lessing als Bibliothekar von 1770 bis 1781.
LINKS Detail des Lessing-Denkmals von 1795, das der Gothaer Bildhauer Friedrich Doell für einen Platz vor der alten Bibliotheksrotunde schuf: vorne das Porträt Lessings, auf der Rückseite sind Masken der Tragödie und Komödie einander gegenübergestellt. Heute befindet sich dieses frühe Lessing-Denkmal im Foyer der Herzog August Bibliothek.

Bibliothekarswohnung. Selbst ein kleiner Ehrenhof mit Haupt- und Seitenflügeln war gebaut worden. Leider wurde die Einrichtung fast komplett zerstreut, der Besucher muss die Atmosphäre der Lessingzeit in der Fantasie ergänzen. Die moderne museale Ausgestaltung hilft dabei.

Als Lessing in Wolfenbüttel ankam, war er kein Unbekannter mehr. Bereits 1767 war in Hamburg »Emilia Galotti« uraufgeführt worden, noch für Goethe »die erste aus dem bedeutenden Leben gestiftete Theaterproduktion«. Auch mit wichtigen theoretischen Schriften wie dem »Laokoon« oder der »Hamburgischen Dramaturgie« hatte sich der große Aufklärer einen Namen gemacht.

Und nun also das kleine Wolfenbüttel? Lessing muss sich trotz vieler prominenter Besucher hier durchaus gelangweilt haben, und es ist gewiss kein Zufall, dass er, immer wenn es die Zeit erlaubte, in das weltläufigere Braunschweig auswich, wo er bezeichnenderweise im Haus seines Weinhändlers starb. Auf der Habenseite stand für den bibliophilen Lessing der unerschöpfliche Fundus der herzoglichen Büchersammlung, die im Barock den ersten eigenständigen Bibliotheksbau im Norden überhaupt erhalten hatte. Sie lag gleich hinter seinem Haus auf einem kleinen Hügel, und der Bibliothekar konnte durch eine gesonderte Tür jederzeit direkt diese Schatzkammer betreten. Lessing entdeckte alte Handschriften neu und publizierte ab 1773 seine Funde in der Zeitschrift »Zur Geschichte und Literatur aus den Schätzen der herzoglichen Bibliothek zu Wolfenbüttel«. An unverdächtigem Ort finden sich hier auch manche Beiträge mit kontroversem Inhalt, etwa die vielen Repliken gegen den Hamburger Hauptpastor Goeze. Der mit harten Bandagen geführte »Fragmentenstreit« ist in die protestantische Kirchengeschichte eingegangen. Dem Herzog gefiel nicht sonderlich, dass sich sein Bibliothekar so in die Tagespolitik verstrickte, und Lessing bekam einen Maulkorb verpasst. Er sollte sich um die alten Bücher kümmern, mehr nicht. Lessing konzentrierte sich also auf das ihm erlaubte Medium, die Literatur, mit deren Hilfe er seine aufgeklärten Ansichten zu Toleranz und prinzipieller Gleichwertigkeit der Religionen ebenso leicht

öffentlich machen konnte. Hier in Wolfenbüttel entstand sein letztes großes Hauptwerk, »Nathan der Weise. Ein dramatisches Gedicht«, gedruckt erstmals 1779. Lessings Frau Eva war im Wolfenbütteler Haus 1778 gestorben; den »Nathan« schrieb der Witwer in ihrem Sterbezimmer.

Ein Besuch des prächtigen wilhelminischen Neubaus der Herzog August Bibliothek ist für jeden Kunst- und Bücherfreund mehr als eine Ergänzung zum Lessinghaus. Forscher aus aller Welt treffen sich hier, um vor allem Studien zu Themen der Frühen Neuzeit zu betreiben. Kaum irgendwo anders gibt es eine bessere Sammlung von Büchern des 16. bis 18. Jahrhunderts. Aber auch mehr als 3000 mittelalterliche Handschriften werden hier aufbewahrt und in Auswahlausstellungen dem breiten Publikum präsentiert. Im 20. Jahrhundert hatte die Bibliothek zudem noch bedeutende Bibliotheksdirektoren in der Nachfolge Lessings: Zunächst leitete Erhart Kästner, der als Verfasser schöner essayistischer Reisebücher ein Begriff ist, die Bibliothek von 1950 bis 1968. Er ergänzte die Bestände um die wohl kompletteste Sammlung von Künstlerbüchern des 20. Jahrhunderts in Europa. Alle großen Namen sind hier vertreten, von Picasso und Matisse bis zu Max Ernst und zeitgenössischen Künstlern. Ihm folgte 1968 bis 1992 der bedeutende Literaturwissenschaftler Paul Raabe als Bibliothekar, der die Wolfenbütteler Bibliothek als weltbekannte Institution der Forschung und Wissenschaft etablierte und die Bücherschätze einer breiten Öffentlichkeit in exemplarischen Ausstellungen vorstellte. Die Stadt Wolfenbüttel dankte ihm für sein Engagement mit der Verleihung der Ehrenbürgerwürde 1991.

GEGENÜBER Blick auf zwei bemalte Seiten des Evangeliars Heinrichs des Löwen. Nach dem spektakulären Ankauf der wertvollen Handschrift ist dies sicher das bekannteste Buch der Bibliothek. Allerdings gibt es hier zahlreiche mindestens genauso schöne Handschriften zu bestaunen, die in wechselnden Ausstellungen gezeigt werden.

Das teuerste Buch der Welt

Das berühmteste Buch der Herzog August Bibliothek ist gewiss das Evangeliar Heinrichs des Löwen. Die wertvolle illustrierte Handschrift, die im Kloster Helmarshausen im Weserbergland zwischen 1173 und 1189 entstand, wurde 1983 bei Sotheby's in London für den horrenden Preis von rund 32,5 Millionen DM ersteigert, nachdem das Buch nach 1945 über Jahrzehnte als verschollen galt. Die Kosten für das teuerste Buch aller Zeiten wurden vom Land Niedersachsen, dem Freistaat Bayern, der Bundesrepublik Deutschland und der Stiftung Preußischer Kulturbesitz gemeinsam aufgebracht. Die Entscheidung, diese Handschrift der Wolfenbütteler Bibliothek anzuvertrauen, spricht für das Renommee des Hauses.

Wanderungen durch das Ruppiner Land

THEODOR FONTANE IN NEURUPPIN UND GRANSEE

WIEDERAUFBAU VON RUPPIN NACH STADTBRAND
1787
GEBURT THEODOR FONTANES IN RUPPIN
1819
WEGZUG DER FAMILIE FONTANE
1826
LUISENDENKMAL IN GRANSEE
ENTHÜLLUNG OKTOBER 1811
EISENGUSS NACH ENTWURF VON KARL FRIEDRICH SCHINKEL

Neuruppin, ehemals Ruppin genannt, sieht sich als Fontanestadt. Theodor Fontane (1819–1898), der Schöpfer von »Effi Briest« und des späten Romans »Der Stechlin«, wurde hier als Sohn eines Apothekers aus alter Hugenottenfamilie geboren. Die Löwen-Apotheke gibt es heute noch, dazu ein Fontane-Denkmal, die Fontane-Gesellschaft, den Fontane-Preis, 2010 erstmalig Fontane-Festspiele und schließlich die Fontane-Therme mit schwimmender Seesauna – die Fontane allerdings ganz sicher nie besucht hat. Nur ein angemessenes Museum für den großen Sohn der Stadt fehlt.

Fontanes Vater musste für seine Apotheke Insolvenz anmelden, als Theodor sieben Jahre alt war, und die Familie wechselte nach Swinemünde. Es war für alle ein bitterer Abschied vom Ruppiner Land. Fontane trat in die Fußstapfen des Vaters und erlernte ebenfalls den Apothekerberuf, bevor er mit über 30 Jahren als literarischer Spätentwickler mit Balladen und Gedichten, vor allem aber mit Reiseberichten aus England und der Mark Brandenburg auf sich aufmerksam machte. Letztere waren in Zeitschriften so erfolgreich, dass sich Fontane entschloss, sie zu erweitern und in Buchform zu veröffentlichen. Die »Wanderungen durch die Mark Brandenburg« erschienen in fünf Bänden von 1862 bis 1888 und beginnen mit der Gegend rund um den Geburtsort, der Grafschaft Ruppin. Seine

EINGANGSDOPPELSEITE, LINKS Blick über den Neuruppiner See. **RECHTS** Karl Friedrich Schinkel entwarf den gusseisernen Baldachin mit dem Sarg in Erinnerung an die verehrte Königin Luise, deren Leichnam für eine Nacht hier auf dem Weg zum Begräbnis in Berlin aufgebahrt worden war.
GEGENÜBER Max Wiese gestaltete 1907 das Fontane-Denkmal in Neuruppin mit der lebhaften Sitzfigur in Bronze, das auf dem Fontaneplatz an den berühmten Dichter und Sohn der Stadt erinnert.

»Wanderungen« sind allerdings keineswegs nur Wegbeschreibungen für alle, die sich auf Schusters Rappen bewegen. Sie versammeln vielmehr je nach Ortschaft, Schloss oder Region historische Beschreibungen, Reflexionen und Erzählungen – inklusive ausführlicher Militärgeschichten über einzelne preußische Regimenter, die dem heutigen Leser fremd vorkommen mögen. Trotzdem findet sich genügend Informatives, Unterhaltsames, auch literarisch Gelungenes, das die »Wanderungen« zu einer anregenden Lektüre macht – besonders wenn Fontane seine subtile Ironie spielen lässt. So ist auch seine Beschreibung von Ruppin nicht von ungebrochener Heimatliebe getragen:

»Ruppin hat eine schöne Lage – See, Gärten und der sogenannte ›Wall‹ schließen es ein. Nach dem großen Feuer [...] wurde die Stadt in einer Art Residenzstil wieder aufgebaut. Lange, breite Straßen durchschneiden sie,

nur unterbrochen durch stattliche Plätze, auf deren Areal unsere Vorvordern selbst wieder kleine Städte gebaut haben würden. Für eine reiche Residenz voll hoher Häuser und Paläste, voll Leben und Verkehr mag solche raumverschwendende Anlage die empfehlenswerteste sein, für eine kleine Provinzialstadt aber ist sie bedenklich. Sie gleicht einem auf Auswuchs gemachten großen Staatsrock, in den sich der Betreffende, weil er von Natur klein ist, nie hineinwachsen kann. Dadurch entsteht eine Öde und Leere, die zuletzt den Eindruck der Langenweile macht.«

Fontane und die Preußen: Dies ist ein eigenes Kapitel. Immer, wenn er in die Geschichte eintaucht, läuft er zur Hochform auf. Dies betrifft die Beschreibung von Schloss Rheinsberg genauso wie diejenige von Gransee. Erst räsoniert Fontane über die Warte vor der Stadt, dann erklärt er das eigentümliche Stadttor mit seinen zwei Durchlässen, um schließlich beim gusseisernen Denkmal für die Preußenkönigin Luise zu enden. Schinkel hatte dieses Monument entworfen, im Oktober 1811 wurde es eingeweiht. Das Denkmal erinnert an die Nacht vom 25. auf den 26. März 1810, als der Katafalk mit der Leiche der verehrten Königin auf der letzten Reise nach Berlin für eine Nacht auf dem Hauptplatz des Städtchens abgestellt war. Pierre Barthélemy Fontane, der Großvater des Dichters, war Kabinettssekretär bei Königin Luise gewesen. Dies erklärt zusätzlich die hymnische Würdigung, die der Dichter der beim Volk so beliebten Königin angedeihen lässt:

»Und wie Gransee durch jenes Denkmal sich selber ehrte, so glänzt auch sein Name seitdem in jenem poetischen Schimmer, den alles empfängt, was früher oder später in irgendeine Beziehung zu der leuchtend-liebenswürdigen Erscheinung dieser Königin trat. Die moderne Historie weist kein ähnliches Beispiel von Reinheit, Glanz und schuldlosem Dulden auf, und wir müssen bis in die Tage des früheren Mittelalters zurückgehn, um Erscheinungen von gleicher Lieblichkeit (und dann immer nur innerhalb der Kirche) zu begegnen. Königin Luise dagegen stand inmitten des Lebens, ohne daß das Leben einen Schatten auf sie geworfen hätte. [...] Das Luisen-Denkmal zu Gransee hält das rechte Maß: es spricht nur für sich und die Stadt und ist rein persönlich in dem Ausdruck seiner Trauer. Und deshalb rührt es.«

Immer wieder kam Fontane im Verlauf seines Lebens auf die Grafschaft Ruppin zurück. Die schönste Verbeugung vor der Landschaft und den Menschen seiner Heimat gelang ihm im Spätwerk: Im Roman »Der Stechlin«, den er 1895–97 schrieb, ließ Fontane den alten Herrn Dubslav von Stechlin in vielen Gesprächen über den Unterschied der brandenburgischen Provinz zur Hauptstadt Berlin räsonieren. In all ihrer Skurrilität gewinnen die Brandenburger das Herz des Lesers. Wer den glasklaren Stechlinsee, eines der saubersten Binnengewässer Deutschlands, erleben möchte, braucht nur wenige Kilometer von Gransee Richtung Norden zu fahren. Der beste Zugang ist von Neuglobsow aus, wo mehrere Gaststätten auf ihren Speisekarten das Andenken Fontanes mit besonderen Gerichten pflegen. Zu Fuß lässt sich der See in vier Stunden umrunden, beim Einlegen von Badepausen wird rasch eine schöne Tagestour daraus.

Tucholsky in Rheinsberg

Auch Rheinsberg beschrieb Fontane sehr plastisch, konzentrierte sich jedoch auf die Zeit unter den berühmten Bewohnern des Schlosses: Friedrich II. der Große als Kronprinz und sein Bruder Prinz Heinrich von Preußen.

Hier gibt es im Rokokoschloss aber auch noch ein eindrucksvolles Literaturmuseum, das sich Kurt Tucholsky (1890–1935) und der Publizistik der Weimarer Republik widmet. Arbeitstisch und Schreibmaschine Tucholskys sind ebenso zu sehen wie zahlreiche Dokumente aus den 1920er-Jahren. Warum Rheinsberg als Ort des Andenkens an einen großen Mann, von dem Erich Kästner sagte: »Ein kleiner dicker Berliner wollte mit einer Schreibmaschine eine Katastrophe aufhalten«? Der Journalist, Publizist, Satiriker und Schriftsteller Tucholsky hatte 1912 eine heitere Liebeserklärung an die kleine Stadt am See veröffentlicht: »Rheinsberg – ein Bilderbuch für Verliebte«.

Einzigartiges Zelt für die Musik

DIE BERLINER PHILHARMONIE

ENTWURF HANS SCHAROUN
1956
BAUZEIT
1960–63
SAALGRÖSSE
50 X 60 METER
CA. 2200–2400 SITZPLÄTZE
MUSIKINSTRUMENTENMUSEUM ANGEBAUT
1978–84
KAMMERMUSIKSAAL ANGEFÜGT
1984–87
KONZERTSAAL DER BERLINER PHILHARMONIKER

Die Berliner Philharmonie ist einer der schönsten Konzertsäle der Welt, zudem überzeugt sie durch eine ausgesprochen angenehme Akustik und Nachhallzeit. Lange hatten sich die Berliner Philharmoniker mit einem skurrilen Provisorium begnügt: Sie spielten in einer ehemaligen Rollschuhbahn, und dies immerhin von 1888 bis 1944! Die Akustik muss allerdings phänomenal gewesen sein, die Konzertprogramme unter den Chefdirigenten Hans von Bülow, Arthur Nikisch, Wilhelm Furtwängler und Gästen wie Bruno Walter waren dies ohnehin.

Nach dem Zweiten Weltkrieg konzertierte das Orchester in Ausweichquartieren, so dem Titania-Palast in Steglitz von 1928, der mit 1900 Sitzen einer der eindrucksvollsten Art-déco-Kinosäle Deutschlands war, seit den 1960er-Jahren aber leider bis zur Unkenntlichkeit verbaut wurde. Die Auftritte in dem vom Stadtzentrum weit entfernten Kino waren keine Dauerlösung. Ein offener Wettbewerb wurde ausgeschrieben, aus dem der Architekt Hans Scharoun (1893–1972) als knapper Sieger hervorging. Herbert von Karajan (1908–1989) war als Chefdirigent von Scharouns neuartigem Raumkörper begeistert, und spöttisch-skeptische Berliner tauften das Haus umgehend in »Circus Karajani« um. Ursprünglich sollte der Neubau im südlichen Charlottenburg stehen, hinter der klassizistischen Fassade des

EINGANGSDOPPELSEITE, LINKS Blick in den Hauptsaal der Philharmonie. Dieses architektonische Meisterstück Hans Scharouns besticht nicht nur durch die exzellente Akustik, sondern auch durch seine Proportionen und guten Sichtverhältnisse von allen Plätzen auf das in die Mitte gerückte Orchester – bei der Einweihung 1963 ein absolutes Novum für einen Konzertsaal dieser Größe. **VORHERIGE DOPPELSEITE** Nächtlicher Blick über den Kammermusiksaal, den Edgar Wisniewski 1984 bis 1987 an Scharouns Philharmonie anbaute, auf den nach dem Mauerfall 1989 neu gestalteten Potsdamer Platz.

Joachimsthaler Gymnasiums, zwischen Bundesallee und Schaperstraße. Erst nachdem der Wettbewerb entschieden war, wurde der endgültige Ort des Neubaus in der Nähe des schwer zerstörten Potsdamer Platzes ausgewählt. Die Mauer war noch nicht gebaut, als diese Entscheidung fiel; und bei der feierlichen Eröffnung der neuen Philharmonie hatte sich das Umfeld stark verändert: Über viele Jahre bildete der Konzertsaal, gemeinsam mit Mies van der Rohes Stahlpavillon der Nationalgalerie und der erst nach dem Tod Scharouns vollendeten Staatsbibliothek, das kulturelle Dreieck wichtiger Solitärbauten direkt an der Westseite der Mauer.

Bis 1978 erinnerte der Konzertsaal mit seinem schlichten ockerfarbenen Außenanstrich noch mehr als heute an ein gebautes Zelt. Die von Scharoun zwar vorgesehene, aber aus Kostengründen erst später realisierte Verkleidung mit glänzenden, goldfarbenen Platten vertrieb das sympathische Understatement des ursprünglichen Zustands zugunsten äußerlicher Pracht. Der 1984–87 von Edgar Wisniewski ergänzte Kammermusiksaal, der kaum kleiner als die Philharmonie ist, hebt den repräsentativen Charakter des Ensembles zusätzlich hervor. Dabei geht der Zauber des Scharoun-Baus doch vor allem von der schwebenden, organischen Dachlandschaft aus. Der Vergleich mit einem »Circus« traf den Kern; die Form des Daches erinnert je nach Blickwinkel auch an die geblähten Segel eines Schiffs oder an einen steil aufragenden Schiffsbug. Scharoun, der in Bremen und Bremerhaven groß geworden war, hatte bereits bei seinen ersten Mietshäusern in Berlin (um 1928–32) immer wieder mit Anklängen an Schiffsarchitektur gespielt: Dort finden sich Fenster in Form von Bullaugen; Balkone, die wie das Seitennock von der Brücke eines Ozeandampfers abstechen; filigrane Treppengeländer und dynamische Ecklösungen an abgerundeten Hauskanten. Und ebensolche Elemente dieser zwischen Neuem Bauen und Expressionismus schwer einzuordnenden Architektur bestimmen auch das Foyer der Philharmonie. Scharoun gelang in den luftigen Pausenräumen und Treppenhäusern ein glücklicher Ausgleich von Ratio und Geheimnisvollem, von Ruhe und Bewegung, von Innen und Außen. Der Steinfußboden von Erich F. Reuter bildet eine Fortsetzung der Straße, und damit des Alltags, ins Innere des Gebäudes; die Beleuchtungskörper von Günter Szymmank sowie die bunten Farbglaswände Alexander Camaros sind klassische Produkte des späten 50er-Jahre-Designs, in ihrer Wirkung aber von zeitloser Eleganz.

Das eigentliche Wunder jedoch ist der Saal selbst! Wer könnte ihn besser beschreiben als Hans Scharoun vor der Einweihung 1963: »Ich folge dem Bild einer Landschaft: Der Saal ist wie ein Tal gedacht, auf der Sohle das Orchester, umringt von energisch aufsteigenden Gründen und Hängen. Wie Weinberge an den Hängen eines breiten Tales steigen die Sitzreihen, in Gruppen gegliedert, rund um das Orchesterpodium empor. Das Musizieren und das gemeinsame Erleben der Musik finden also an einem Ort statt, der in seiner baulichen Konzeption nicht vom Formal-Ästhetischen ausgeht, sondern vom Vorgang. Wir realisieren die Beziehung: Mensch, Raum, Musik.«

Scharoun war aber auch ein Mann von Witz. Auf die Frage eines Reporters bei einem Rundgang durch das neue Haus 1963, wie es denn um Maestro Karajans Büro bestellt sei, antwortete er: »Und hier sitzt der Karajan ... Hier hat er seinen Schreibtisch, hier hat er seine Liege, hier hat er seinen Schrank, und hier kriegt er seinen Vorhang davor. Und hier hat er seinen Lokus. Und dann hat er's.« Und Karajan war mehr als zufrieden, zumindest ist nichts Gegensätzliches bekannt.

Falscher Schinkel am Gendarmenmarkt

Als gewissermaßen preußische Antwort auf die Modernität der Philharmonie wurde 1979–84 der Außenbau des im Krieg ausgebrannten Schinkel'schen Schauspielhauses am Gendarmenmarkt in Mitte vorbildlich nach den Plänen von 1818–21 restauriert. Damit war einer der prächtigsten Baukörper des Klassizismus in Deutschland wiedergewonnen. Innen allerdings entschied man sich statt der Rekonstruktion des Theatersaals für eine freie Konzertsaalfantasie à la Schinkel. Im Wesentlichen wurde der ursprüngliche Kleine Konzertsaal des Meisterarchitekten auf das Fünffache aufgepustet und frei variierend dekoriert. Man merkt die Absicht, klassizistische Pracht um jeden Preis zu erreichen. Das Konzerthaus war zeitgleich mit dem – dort allerdings sehr viel glücklicheren – Wiederaufbau der Semperoper der zweite große Kraftakt der DDR. Dass dafür noch 1988 das Große Schauspielhaus Hans Poelzigs von 1919, das Meisterwerk des deutschen Expressionismus schlechthin, einige Steinwürfe entfernt, abgerissen wurde, ist die andere, tragische Seite der glänzenden Medaille.

Späte Elegien in der Märkischen Schweiz

DAS BRECHT-WEIGEL-HAUS IN BUCKOW

HAUSBAU
1910/11
BAUHERR
GEORG ROCH, BILDHAUER AUS BERLIN
WOHNHAUS VON HELENE WEIGEL
1952–71
SOMMERHAUS BERTOLT BRECHTS
1952–56
BUCKOWER ELEGIEN
JULI/AUGUST 1953
ERÖFFNUNG ALS GEDENKSTÄTTE
1977

Die Lage direkt am Schilfufer des Schermützelsees, die heimelige Atmosphäre des Hauses und der hübsche Blumengarten mit dem alten Baumbestand am Rand: Das alles ist der Traum von einem Sommerdomizil. Die quirlige Metropole Berlin, obwohl nur 50 Kilometer im Westen gelegen, scheint von hier Lichtjahre entfernt. Man kann in den Journalen und Briefen Bertolt Brechts (1898–1956) nachlesen, wie sehr ihn die Wahl dieses Ortes gemeinsam mit seiner Frau Helene Weigel (1900–71) freute. Beide hatten in Berlin nach der Rückkehr aus dem Exil mit der Gründung des Berliner Ensembles 1949 einen großen Wunsch realisieren können. Die Aufgabenverteilung sollte Entlastung bringen: Weigel als Intendantin und Brecht als künstlerischer Leiter. Trotzdem war die Arbeit in diesen schwierigen Jahren kaum zu bewältigen: Schauspieler mussten rekrutiert werden, Inszenierungen ermöglicht und vor allem die verantwortlichen Kulturpolitiker der jungen DDR eingebunden werden. Der Formalismusvorwurf hing wie ein Damoklesschwert über den Produktionen.

Insofern war Ruhe außerhalb von Berlin dringend nötig, und Brecht freute sich auf die Lektüre der antiken Schriftsteller, fühlte sich womöglich selbst ein klein wenig wie Horaz, wenn er in den Garten sah und sich an Blumen und dem Seeblick erfreute. Das Haus selbst ist klein: im

Erdgeschoss die Küche, im Obergeschoss fast winzige Schlafräume. Eine Überraschung bietet allerdings das ursprünglich vom Erbauer Georg Roch angelegte große Atelierzimmer mit seinen riesigen Sprossenfenstern über zwei Etagen, die den Blick direkt auf den See freigeben. Hier traf man sich am Esstisch, saß auf den von Helene Weigel aus Norddeutschland zusammengetragenen, ganz unterschiedlichen Stühlen aus dem 18. bis 20. Jahrhundert, aß, trank, schmiedete Pläne und diskutierte die politischen Verhältnisse. Dieser Raum hat auch heute nichts von seiner Atmosphäre verloren. Ausweichmöglichkeit bot ein kleineres Gästehaus, zudem gab es noch ein Bootshaus am Wasser, das heute die Andenken – etwa den legendären Planwagen – an Helene Weigels berühmt gewordenen Auftritt in »Mutter Courage und ihre Kinder« bewahrt. Die Aufführung leitete am 11. Januar 1949 den Neubeginn der Berliner Theaterarbeit ein.

Das politische Erdbeben, das am 16. Juni 1953 von der Ostberliner Stalinallee und dem Krankenhausneubau Friedrichshain seinen Ausgang nahm, als Volksaufstand viele Regionen und Städte der DDR erfasste und am 17. Juni von den Sowjettruppen gewaltsam niedergeschlagen wurde, erschütterte auch Brecht bis in die Grundfesten seines politischen Denkens. Wohl wusste er um die Notwendigkeit eines Eingreifens, andererseits betonte er in Briefen, so an Walter Ulbricht vom selben Tag, die Notwendigkeit einer Veränderung in den Produktionsprozessen und forderte die Neubewertung der Arbeitsbedingungen. Die gelenkte Presse veröffentlichte allerdings nur die abschließende »Ergebenheitsadresse« des Schriftstellers, was Brechts Ruf im Westen und bei den kritischen Mitbürgern dauerhaft

EINGANGSDOPPELSEITE, LINKS Blick vom See auf das Brecht-Weigel-Haus mit seinem großen Atelierfenster nach Norden, das sich der Bildhauer Georg Roch als Bauherr 1910/11 gewünscht hatte. Den Atelierraum nutzten Brecht und Weigel als Speisezimmer. **GEGENÜBER** Blick in den Garten des Brecht-Weigel-Hauses zum Bootssteg am Buckower See. **UNTEN** Im ehemaligen Bootshaus sind Gedenkstücke an die Tätigkeit Brechts und Weigels am Berliner Ensemble aufbewahrt, darunter der Planwagen aus der legendären Inszenierung der »Mutter Courage« aus dem Jahr 1949.

GEGENÜBER Im Garten des Brecht-Weigel-Hauses können die Besucher heute auf Bronzetafeln ausgewählte Beispiele der Buckower Elegien nachlesen, die Brecht an diesem Ort im Sommer 1953 verfasste.

ruinierte. Ihn selbst erschütterte, dass er Opfer eines manipulativen Staatsapparats geworden war und dass man in ihm nun den Mitläufer oder gar Täter sah. Deprimiert zog sich Brecht nach Buckow zurück und schrieb in den beiden Folgemonaten jene 22 »Buckower Elegien«, in denen er seine Existenz als Schriftsteller genauso reflektierte wie die Ereignisse in Berlin allegorisch verrätselt oder direkt anprangerte. Selbst den scheinbar naiven, ja lakonischen »Naturschilderungen« einiger der Elegien ist der Widerhaken eingeschrieben, der die Idylle demaskierte, so im Gedicht »Der Rauch«:

> »Das kleine Haus unter Bäumen am See.
> Vom Dach steigt Rauch.
> Fehlte er
> Wie trostlos dann wären
> Haus, Bäume und See.«

Melancholie, Zerrissenheit, Erregung und antikes Lamento zeichnen diese kurzen Texte aus. Die Deutlichkeit einer »Lösung« war nicht notwendig. So schloss Brecht seine Elegie mit der berühmt gewordenen rhetorischen Frage, ob es nicht doch einfacher wäre, »die Regierung löste das Volk auf und wählte ein anderes«. Oder er fragte in »Große Zeit, vertan« abschließend: »Was sind schon Städte, gebaut ohne Weisheit des Volkes?« Hier war der Verweis auf die Vorgänge in der Stalinallee überdeutlich.

In der Idylle von Buckow musste Brecht erleben, wie sich Geschichte so oder so fortschreibt und welche Rolle ein Schriftsteller in solchen Prozessen einnehmen kann, ohne an sich selbst zu verzweifeln. Eine vollständige Publikation der Elegien war zu Lebzeiten des Dichters ausgeschlossen; womöglich wünschte er sie auch gar nicht. Im Garten des Hauses sind einige der Texte auf Tafeln nachzulesen. Der Rundgang durch die heiteren Blumenbeete fiele ohne die Lektüre der Elegien sicherlich unbeschwerter aus.

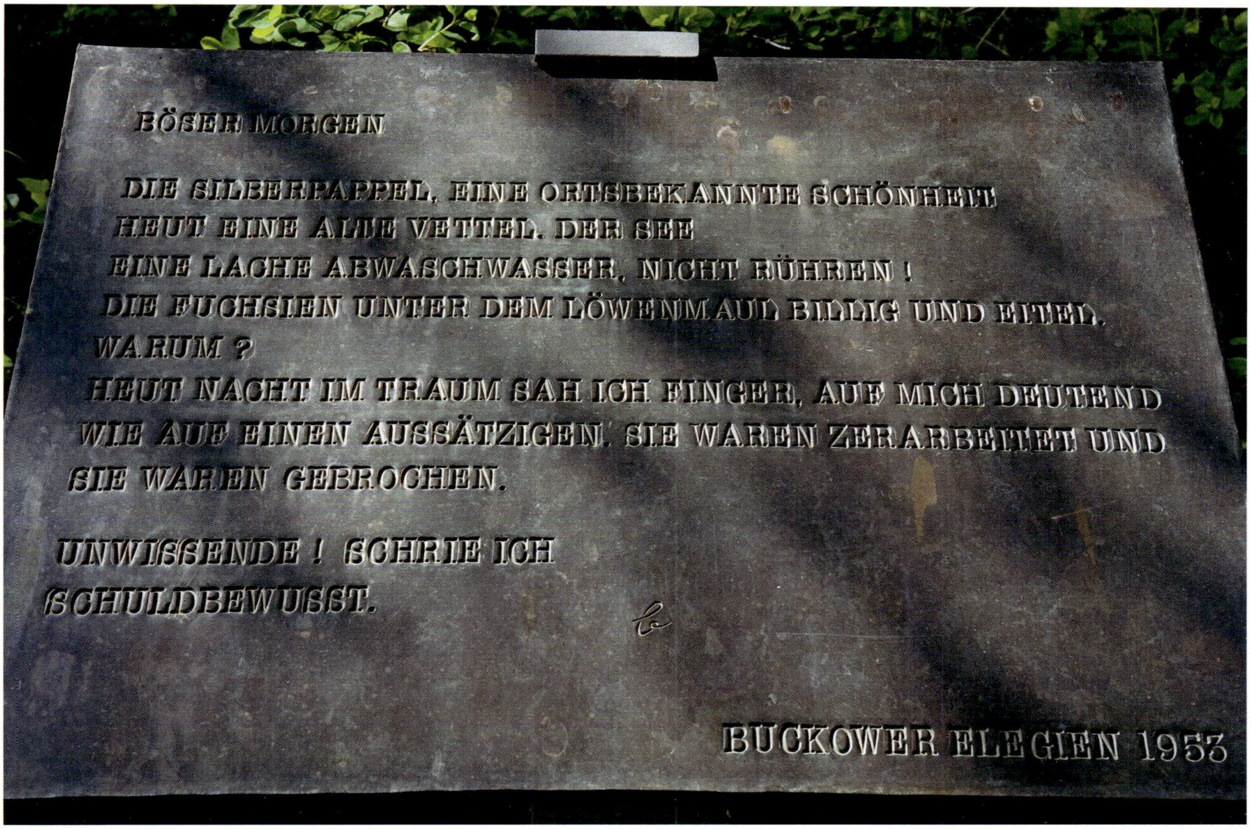

Brecht und Weigel in Berlin

In Berlin sind die Wohnungen von Bertolt Brecht und Helene Weigel im Seitenflügel der Chausseestraße 125 als Gedenkstätte seit 1978 öffentlich zugänglich gemacht. Jeweils drei Räume der separaten Wohnungen sind noch so eingerichtet wie zu Lebzeiten. Im Haus ist außerdem das Bertolt-Brecht-Archiv untergebracht, das einen der umfangreichsten Nachlässe eines deutschen Dichters überhaupt betreut. Auch im Berliner Ensemble erinnern einige Räume an die beiden Gründer des Theaters.

Auf dem nahen Dorotheenstädtischen Friedhof können die Gräber von Brecht und Helene Weigel besucht werden. Schlichte Feldsteine mit den Namen sind der einzige Schmuck der würdevollen Gräber.

HIER RUHT
BETTINA
FREIFRAU VON ARNIM
GEB. BRENTANO
GEBOREN
DEN 4. APRIL 1788
GESTORBEN
DEN 20. JANUAR 1859
MIT LUDWIG
VON ARNIM

Bettina und Achim von Arnim im Ländchen Bärwalde

DAS KÜNSTLERHAUS SCHLOSS WIEPERSDORF

BAU DES GUTSHAUSES
1734–36
BAUHERR
MAJOR GOTTFRIED E. VON EINSIEDEL
KAUF DES LÄNDCHENS BÄRWALDE MIT WIEPERSDORF DURCH JOACHIM ERDMANN VON ARNIM
1780
ACHIM UND BETTINA VON ARNIM GEMEINSAM IN WIEPERSDORF
1814–17
ACHIM VON ARNIM STIRBT AUF DEM GUT
1831
SCHRIFTSTELLERHEIM
AB 1946
ÜBERNAHME DURCH DIE DEUTSCHE STIFTUNG DENKMALSCHUTZ
2006

Schloss Wiepersdorf ist ein typisches brandenburgisches Gutshaus, wie es sich der neue Militäradel zur Zeit Friedrichs des Großen im ganzen Land bauen ließ. Viele dieser Ländereien und Herrenhäuser der politisch diskreditierten »Landjunker« wurden nach dem Zweiten Weltkrieg von sowjetischen Sprengkommandos zerstört oder verfielen in den Jahrzehnten danach. Auch in Wiepersdorf ereigneten sich die üblichen Plünderungen. Deeskalierend wirkte jedoch, dass die verschwägerten Familien Encke und von Arnim in der Nazizeit hier Kommunisten und Juden Unterschlupf gewährt hatten. Ihre Zivilcourage erinnerte an die berühmteste Bewohnerin, Bettina von Arnim (1785–1859), die gemeinsam mit Achim von Arnim (1781–1831) hier einige Jahre verbrachte, um dann in Berlin ein sehr selbständiges Leben mit ihren sieben Kindern zu führen, während sich ihr Mann um Haus und die Bärwaldeschen Ländereien von Schloss Wiepersdorf aus kümmerte.

Manchmal verschieben sich im Rückblick die Gewichtungen und Bewertungen. Im 19. Jahrhundert galt Achim von Arnim als der Bedeutendere des ungewöhnlichen Paares. Seine mit dem Freund Clemens von Brentano, dem Bruder Bettinas, gesammelten und im romantischen Sinne edierten Volkslieder, die unter dem Titel »Des Knaben Wunderhorn« in drei Bänden

EINGANGSDOPPELSEITE, LINKS
Am Chor der Dorfkirche von Wiepersdorf befindet sich das Erbbegräbnis der von Arnims, hier die Grabplatte Bettina von Arnims, die immer mit Blumen geschmückt ist.

VORHERIGE DOPPELSEITE
Gartenansicht des ehemaligen Gutshauses Wiepersdorf, das wegen seiner beträchtlichen Größe und Ausgestaltung auch gerne als Schloss bezeichnet wird. Im späteren 19. Jahrhundert wurde die Gartenseite verändert, auch die im Anschnitt sichtbare Orangerie hinzugefügt. Zu Zeiten von Achim und Bettina von Arnim sah das Gutshaus noch etwas bescheidener aus.

erschienen, waren ähnlich berühmt und populär wie später die Märchen der Brüder Grimm. Arnims zahlreiche Novellen und das Romanfragment »Die Kronenwächter« sind jedoch in Vergessenheit geraten, obgleich der kritische Heinrich Heine sie sehr schätzte. Dafür kamen fragwürdige Tendenzen in Arnims Werk ans Licht, etwa seine humorig überspitzte, aber in einem tief verwurzelten Antisemitismus fußende Rede vor der »Deutschen Tischgesellschaft« in Berlin 1811. Dies war eine prominente Tafelrunde, die nur christlich geborene Bürger aufnahm und damit vor allem konvertierten Juden dezidiert die Teilnahme verwehrte.

Ganz anders erging es Bettina von Arnim. Die ihrem Werk und ihrer Person entgegengebrachte Wertschätzung ist ständig gestiegen. Nach dem Tod Achims blühte sie förmlich auf und reüssierte als eine streitbare Dichterin, die Unrecht benannte, Veränderungen einforderte und mit ihren fingierten Briefromanen anzuecken wusste. Sie engagierte sich in der Pflege von Choleraopfern in Berlin, erkämpfte den Lehrstuhl für die politisch verdächtigen Grimms, liebäugelte mit sozialistischen Ideen und griff literarisch in die Vorgänge der Revolution 1848 ein, mit der sie sympathisierte, ohne allerdings auf einen »Volkskönig« als Staatsoberhaupt verzichten zu wollen. Bettina stand mit allen progressiven Größen ihrer Zeit in regem Austausch. Sie zog sich aus den anstrengenden literarischen und philosophischen Zirkeln der Hauptstadt Berlin nur noch selten nach Wiepersdorf zurück, um auf dem Familienschloss Ruhe zu finden. Ihre spannende Biografie macht sie zu einer prägenden Frauengestalt des 19. Jahrhunderts.

Die Verbindung des Schlossgutes Wiepersdorf zu ihr vergaß man auch nach 1945 nicht. Insofern war die Gründung einer Stiftung mit dem Ziel, das Haus für Schriftsteller auf Zeit zu öffnen, im Jahr 1946 ein kluger Schachzug der Familie. Die Geschichte überrollte aber auch dieses Projekt. Die Hausherrin wurde vom NKWD verhaftet und zog sich danach an den Bodensee zurück. 1953 übernahm der Schriftstellerverband der DDR das nunmehr verstaatlichte Anwesen. Alle Größen der DDR-Literatur verbrachten eine gewisse Zeit in dieser Institution, die ab 1965 den Namen Bettina von Arnim in diversen sperrigen Kombinationen aufnahm: zuerst »Bettina von Arnim Heim«, ab 1980 dann »Arbeits- und Erholungsstätte für Schriftsteller und Künstler – Bettina von Arnim«.

Viele gute und kluge Werke sind hier entstanden oder überarbeitet worden; die große Lyrikerin Sarah Kirsch beispielsweise dichtete hier 1973 ihren ausdrucksvollen Zyklus »Wiepersdorf«. Bei ihr ist die Bezugnahme zur Zivilcourage der Bettina von Arnim deutlich zu spüren, wenn sie kaum verklausuliert das Fragile einer Dichterinnenexistenz in Zeiten der allgegenwärtigen Staatssicherheit beschreibt:

»Immer sind wir allein, wenn wir den Königen schreiben / Denen des Herzens und jenen / Des Staats. Und doch / Erschrickt unser Herz / Wenn auf der anderen Seite des Hauses / Ein Wagen zu hören ist.«

Heute ist nach einigem Hin und Her, nach Rückzügen von Investoren, Auflösungen von Kulturfonds, endlich produktive Ruhe im renovierten Künstlerhaus eingekehrt. Schriftsteller können ausgestattet mit Stipendien längere Zeit hier leben und arbeiten. Die Öffentlichkeit ist über ein reges Kulturprogramm in das Projekt eingebunden, und das kleine Museum im Herrenhaus erinnert an die Rolle der Eheleute Brentano und ihrer Freunde in der deutschen Romantik wie im Vormärz. Neben der Kirche wurden Bettina und Achim von Arnim in schlichten Gräbern bestattet.

Ein weiterer Ort lebendiger Kultur und Geschichte

Auch Schloss Neuhardenberg beeindruckt als Stiftung seit 2002 durch ein vielfältiges Konzert- und Kulturprogramm. Das Schloss ist eindrucksvoller als Wiepersdorf, was am prominenten Bauherrn wie Architekten liegt: Der Staatskanzler Karl August Fürst von Hardenberg beauftragte Schinkel mit dem Ausbau des Schlosses wie der zugehörigen Kirche. Innen ist zum Teil noch die Wanddekoration von C.G. Langhans, dem Erbauer des Brandenburger Tors, erhalten; der Park wurde von dem berühmten preußischen Gartenarchitekten Lenné gestaltet. Eine neu arrangierte ständige Ausstellung erinnert an die Bewohner und die bewegte Geschichte, auch die Rolle von Carl-Hans Graf von Hardenberg im Widerstand gegen Hitler.

mitteilens<wert
ein Jahr der Kommunikation

Von der Saale zum britischen Weltbürger

DAS HÄNDEL-HAUS IN HALLE

DAS SPÄTERE HÄNDEL-HAUS ERSTMALS ERWÄHNT
1558
KAUF DURCH DEN VATER GEORG HÄNDEL
1666
WOHNORT GEORG FRIEDRICH HÄNDELS
1685–1703
EINRICHTUNG ALS MUSIK-MUSEUM
1948
ERÖFFNUNG DER NEUEN DAUERAUSSTELLUNG
2009

Die Stadt Halle pflegt intensiv das Andenken und Erbe eines ihrer größten Söhne: Georg Friedrich Händel (1685–1759) wurde hier geboren und verbrachte die ersten 18 Jahre seines Lebens an der Saale. Der Vater war Wundarzt, die Mutter stammte aus einer protestantischen Theologenfamilie. Das Geburtshaus vermittelt noch den Eindruck vom bürgerlichen sozialen Status der Familie, wenngleich die Inneneinrichtung über die Jahrhunderte abhandenkam und das Gebäude innen erst kürzlich durchgreifend neu gestaltet worden ist. Das Händel-Haus beherbergt nicht nur das Museum, sondern auch die Händel-Gesellschaft, die seit 1955 die auf mehr als 116 Notenbände angelegte kritische Hallische Händel-Ausgabe betreut, sowie die Direktion der Händel-Festspiele. Diese finden alljährlich im Frühsommer statt und ziehen mit exemplarischen Aufführungen oft unbekannter Werke ein internationales Publikum in die Stadt.

Die Musikfreunde lockt natürlich ganzjährig das Museum. Bei der Eröffnung 1955 stand hier die Musikinstrumentensammlung noch ganz im Vordergrund. Deren mehr als 700 Ausstellungsstücke ermöglichen in der Tat einen fabelhaften Überblick über die Entwicklung der Instrumente vom Mittelalter bis in die Moderne. Die Darstellung der Person und des Werdegangs von Händel kam als zweiter Schwerpunkt des Museums erst

EINGANGSDOPPELSEITE, LINKS Auf dem Hallenser Marktplatz steht heute gegenüber der spätgotischen Marktkirche das bekannte Händel-Denkmal. Der Schwanthaler-Schüler Hermann Heidel goss es 1859 im Auftrag des 1856 gegründeten Bürgervereins, der sich dem Andenken Händels widmete.

UNTEN Blick in einen der Ausstellungsräume des Händel-Hauses, mit Beispielen der berühmten Sammlung historischer Musikinstrumente.

seit den 1980er-Jahren wirklich zum Tragen. Schließlich richtete man zum 250. Todestag eine neue Dauerausstellung ein, die im Titel der Forschungslage Rechnung trägt: »Händel – Der Europäer«. In Halle geboren und aufgewachsen, in Italien zum bedeutenden Komponisten gereift, wurde Händel schließlich 1727 als George Frederic Handel britischer Staatsbürger. Die Ausstellung reflektiert die Erkenntnis, dass Händel tatsächlich der Weltbürger unter den deutschen Komponisten des Barock war. Zugleich war er der Erste seiner Zunft, der ohne feste Anstellung sein Geld mit dem Druck und den privat organisierten Aufführungen eigener Werke verdiente. Händels Wirkung auf die Zeitgenossen überstieg deutlich diejenige von Johann Sebastian Bach. Dies lag auch daran, dass sich Händel als Opernkomponist und erst in zweiter Linie als Cembalist verstand. Die italienische Oper als Leitmedium der Epoche ermöglichte ihm eine weitreichende Verbreitung seiner musikalischen Ideen.

Eine Eingrenzung der Ausstellung auf »Händel in Halle« wäre ohnehin schwierig; über seine ersten Jahre in der Stadt wissen wir das meiste aus den ersten Biografien des 18. Jahrhunderts, also aus zweiter Hand. So viel ist klar: Nach einem soliden Studium bei Friedrich Wilhelm Zachow wurde Händel Organist am reformierten Hallenser Dom, wo er aber kaum mehr als den Gemeindegesang begleiten durfte. Auf einer Reise nach Berlin lernte er erstmals Kompositionen italienischer Komponisten kennen; mit Telemann, der in Leipzig studierte, tauschte sich Händel fachlich wie freundschaftlich aus.

Bereits 1703 entschied sich Händel, sein Glück in Hamburg zu suchen, der Musikmetropole des Nordens. Händel interessierte sich für Organistenstellen und machte die Bekanntschaft mit dem Komponisten und Opernimpresario Mattheson. Besonders die Gänsemarktoper faszinierte Händel; bald wurde er zum Continuo-Cembalisten des Opernorchesters berufen und beeindruckte durch sein improvisatorisches Geschick. Dort lernte er auch jede Menge über die privatwirtschaftliche Führung eines Theaters, was ihm in London später hilfreich werden sollte. 1705 erlebt die deutschsprachige Oper »Almira« ihre Premiere. Doch Händels Pläne gingen weiter: Der Kontakt zu dem berühmten Giangastone de' Medici ermöglichte den für die Karriere entscheidenden Italienaufenthalt 1706–10. In Italien baute Händel zielstrebig Freundschaften zu den wichtigsten Musikerkollegen in Rom, Vendig und Neapel auf und komponierte für Mitglieder des Hochadels wie der Geistlichkeit. In der Lagunenstadt war man 1709 begeistert vom »caro Sassone«, dem »liebenswürdigen Sachsen«, wie auch von seiner Oper »Agrippina«, die 27-mal auf der Bühne gezeigt wurde – was im Barock eine Ausnahme war!

Nach Italien nahm Händel eine eher langweilige Hofkomponistenstelle in Hannover an. Immerhin lernte er in seiner Hannoveraner Zeit 1710–13 die Herrscherfamilie kennen, die mit George I. und II. später über England herrschte. Wieder waren es glückliche Umstände, die den Komponisten 1710 zum ersten Mal Londoner Boden und damit seine neue Heimat betreten ließen. Als eine Gruppe Adliger unter königlicher Protektion 1720 die Gründung der Royal Academy of Music beschloss – einer Art von Aktiengesellschaft mit Händel als musikalischem Leiter –, konnte dieser eine

GEGENÜBER Blick auf das barocke Händel-Haus, das ein fast patrizisches Aussehen hat. Die Größe und die prominente Lage an einer Straßenecke sprechen für den gesellschaftlichen Status der Familie Händel am Ausgang des 17. Jahrhunderts.

Oper nach der anderen aufführen. London erlebte ein Händel-Fieber ohnegleichen. Einen Rückschlag verursachte die Produktion der »Beggar's Opera« 1728, mit der John Gay und John Christopher Pepusch in englischer Sprache die Opern Händels auf die Schippe nahmen. Noch Kurt Weill bezog sich mit Bertolt Brecht 1928 auf dieses Werk in der »Dreigroschenoper«. Letztlich führten eine Ermüdung des Publikums, finanzielle Probleme und künstlerische Schwierigkeiten dazu, dass Händel die Komposition von Opern ad acta legte.

In einer finanziell schwierigen Lage brachte Händel 1739 das Oratorium »Saul« heraus. Weitere Werke in diesem völlig neuartigen Genre folgten, bis sich mit dem »Messiah« der durchschlagende Erfolg des englischsprachigen Oratoriums einstellte. Von 1741–50 produzierte er solche Werke nun in Serie. Sie waren weit mehr als verkappte religiöse Opern, sondern schlugen einen ganz neuen Ton an, der den Barock in Richtung der Empfindsamkeit ausklingen ließ.

Ab 1751 beeinträchtigte ein Altersstar den Komponisten, der bald zur Erblindung führte. Händels Begräbnis 1759 zeugte von seiner Berühmtheit: Mehr als 3000 Menschen begleiteten den Sarg nach Westminster Abbey, wo für den großen Hallenser drei Jahre später das wohl schönste Grab für einen Komponisten überhaupt errichtet wurde, das Louis F. Roubiliac als Bildhauer reich gestaltete.

Die Oratorien sind der Teil des Werks, der auch im 18. und 19. Jahrhundert nicht in Vergessenheit geriet. Die großartigen Opern waren allerdings wie ausgelöscht aus dem kollektiven Gedächtnis. Das hat sich seit der Händel-Renaissance, die 1920 von Göttingen ausging, stark verändert. Und die Stadt Halle stiftet mit Festspielen, Werkedition und Händel-Museum ihren Beitrag dazu, dass der Komponist als europäische Ausnahmepersönlichkeit des Barockzeitalters umfassend gewürdigt wird.

Einzigartige Wunderkammer des Barock

Der junge Händel lernte in Halle auch August Hermann Francke kennen, den Hauptvertreter des Pietismus in Mitteldeutschland. 1696 eröffnete dieser das Pädagogium, eine Akademie zur Vorbereitung des Universitätsstudiums, sowie eine Armenschule. Aus der sozialen und pädagogischen Verantwortung wuchsen rasch die »Glauchaschen Anstalten«. Bereits vor 1700 begann Francke mit dem Aufbau einer Kunst- und Wunderkammer zu pädagogischen Zwecken, die nach Verwahrlosung zu DDR-Zeiten 1995 in den Franckeschen Stiftung neu eröffnet werden konnte. Die Sammlung ist mit ihren Schränken, der Mischung von Naturalien und Artefakten, eines der faszinierendsten Museen dieser Art in Europa.

Krönung eines Lebenswerks

BACH UND DIE THOMASKIRCHE IN LEIPZIG

GRÜNDUNG DES THOMANERCHORS

1212

BAU DER SPÄTGOTISCHEN HALLENKIRCHE

1492–96

PREDIGT MARTIN LUTHERS

1539

J. S. BACH THOMASKANTOR

1723–50

BACHDENKMAL VOR DER KIRCHE

1908

GRAB BACHS VOR DEM CHOR DER KIRCHE

SEIT 1950

Die Thomaskirche in Leipzig ist das unbestrittene Zentrum protestantischer Musikausübung, und dies seit der Reformation. Der Thomanerchor gilt als eines der besten Vokalensembles Europas und ist zudem die älteste kulturelle Institution der Messestadt Leipzig. Der Chor gestaltet nicht nur Gottesdienste mit, sondern auch die beliebten regelmäßigen Vespern und Motetten am Freitag und Samstag, dazu werden regelmäßig Konzerte mit dem Gewandhausorchester veranstaltet. Sein besonderer Ruhm gründet darin, dass Johann Sebastian Bach (1685–1750) von 1723 bis zu seinem Tod als Thomaskantor eine zentrale Rolle in der musikalischen Erziehung des Chores und bei der Gestaltung der musikalischen Programme der Kirche einnahm. Sein schlichtes Bronzegrab befindet sich in der Kirche, deren Barockausstattung leider neogotisch ersetzt wurde. Zu Zeiten des Komponisten muss das Innere einen sehr viel lebendigeren Eindruck gemacht haben. Auch die alte Thomasschule gegenüber, in der der Kantor traditionell gemeinsam mit seiner Familie wohnte, existiert nicht mehr. 1902 wurde sie in einer Hauruckaktion abgerissen. Leipzig war um 1900 eine der wirtschaftlich florierendsten deutschen Großstädte, wovon die bestens erhaltenen Mietsquartiere und Villenviertel, aber auch die monumentalen Geschäftshäuser der Innenstadt zeugen. Aber Leipzig war auch immer

EINGANGSDOPPELSEITE, LINKS Auf dem idyllischen Thomaskirchhof erhebt sich im Süden der gleichnamigen Kirche das Neue Bachdenkmal. Carl Seffner vollendete 1908 das Bronzestandbild. Um ein möglichst getreues Abbild des Lebenden zu schaffen, zog er den Anatomen Wilhelm His zu Rate. Der Platz könnte nicht besser gewählt sein: Zwischen Thomaskirche und der gegenüberliegenden Schule konzentrierte sich das Leben und Wirken des Kantors Bach von 1723 bis zu seinem Tod 1750.

GEGENÜBER Die Thomaskirche von Norden. Den älteren Chor und das 1494 gewölbte, deutlich höhere Langhaus der Hallenkirche kann man gut unterscheiden. Im 19. Jahrhundert wurden die barocken Elemente zugunsten der neogotischen Vereinheitlichung zurückgedrängt. Heute erscheint das Gebäude deshalb einheitlicher im gotischen Stil, als dies zu Bachs Zeiten der Fall war.

eine kulturbeflissene sächsische Metropole: Das überlebensgroße »Neue« Bachdenkmal vor der Kirche zeugt von der Vereinnahmung Bachs in der Gründerzeit. Das »Alte« Bachdenkmal war 1843 noch auf Veranlassung Felix Mendelssohn Bartholdys aufgestellt worden: eine Büste Bachs, darunter am Sockel drei Reliefs, die Bachs Rolle als Lehrer, Organist und Komponist illustrieren. Die legendäre Aufführung der gänzlich vergessenen »Matthäus-Passion« 1829 durch Mendelssohn Bartholdy in Berlin leitete dann eine Bach-Renaissance in ganz Europa ein. 1908 hatte das öffentliche Bach-Bild derart monumentale Ausmaße angenommen, dass das bescheidene alte Denkmal nicht mehr genügte. Es steht heute abseits der Kirche am innerstädtischen Ring in einem kleinen Park.

Für Bach hatte der Wechsel nach Leipzig 1723 ganz handfeste Gründe. Mit seiner mittlerweile stattlichen Familie wollte er nach den höfischen Anstellungen in Weimar 1708–17 und Köthen 1717–23 endlich in Ruhe – und mit einem anständigen Gehalt! – arbeiten können. Die vorigen Anstellungen waren immer im Streit auseinandergegangen; für die Bewerbung von Weimar nach Köthen wurde Bach vom Weimarer Herzog gar mit einigen Wochen Arrest bestraft. Aber der Einsatz lohnte sich: Bachs Zeit in Köthen zählte zu den produktivsten seines Lebens. Weil es hier eine respektable Hofkapelle gab, veränderte sich der Fokus seines Schaffens. Klavier- und Orchestermusik, daneben weltliche Kantaten entstanden, darunter die »Brandenburgischen Konzerte«. Bach heiratete 1721 dort ein zweites Mal. Anna Magdalene Wilcke gebar ihm (nach sieben Kindern aus erster Ehe) nochmals 13 Kinder.

Als 1722 die Position des Thomaskantors in Leipzig nach dem Tod des respektablen Komponisten Johann Kuhnau (1666–1722) vakant wurde, bewarb sich Bach. Thomaskantor zu werden, schien alle Probleme mit fürstlichen Auftraggebern zu lösen. Der langwierige Prozess der Auswahl war erst 1723 beendet. Vor allem machte die Doppelfunktion Schwierigkeiten, die das Amt mit sich brachte. Der Kantor musste nämlich auch an der Schule unterrichten, etwa Latein, was der Mitbewerber Telemann ablehnte. Bach machte zur Bedingung, dass er hierfür eine Vertretung auf eigene Kosten entsenden dürfte. Doch waren mit dieser »Lex Bach« die Konflikte vorprogrammiert. Im Rat der Stadt wurde immer wieder heftig über das Amtsverständnis Bachs gestritten, und der Thomaskantor hatte bis zum Tod seine liebe Not mit den Herren.

Umso erstaunlicher ist die schier unglaubliche Produktivität des Lehrers, Organisten und vor allem Komponisten. In den ersten Leipziger Jahren intensivierte Bach die Arbeit an der in Köthen vernachlässigten Kirchenmusik. Neben der Komplettierung seiner Kantaten für den Jahreszyklus an der Thomaskirche standen nun zunehmend Großwerke, vor

allem die grandiosen und neuartigen Passionen. Mit einer Mischung aus Stolz und Trotz wurde sich Bach in diesen Jahren seiner herausragenden künstlerischen Position bewusst. Diese spiegelte sich in Konflikten mit dem Rat der Stadt, der Bach Renitenz und wunderliche Musik vorwarf, aber auch in einer Kontroverse mit dem Dichter Gottsched, der in einer Streitschrift die Kompliziertheit von Bachs Kompositionen bemängelte, »die doch vergebens angewendet ist, weil sie wider die Natur streitet«. Bach focht dies alles nicht an, er dachte nun in großen Zyklen, wie dem »Wohltemperierten Clavier«, den genialen »Goldberg-Variationen« oder

der »Kunst der Fuge«, in denen er all seine Kunstfertigkeit exemplarisch vorführte, in den Teilen der »Clavierübung« und abschließenden Großwerken in der Gattung Präludium und Fuge für Orgel und der Kirchenmusik, wie der monumentalen »h-Moll-Messe«.

Ein Höhepunkt in Bachs spätem Leben war gewiss die Einladung zum Cembalovorspiel am 7. und 8. Mai 1747 in Potsdam vor Friedrich II., wo er über ein vom König gestelltes Thema frei improvisierte. Es muss ein denkwürdiges Ereignis gewesen sein: hier der alternde Großmeister des Barock mit seiner mittlerweile hoffnungslos aus der Mode gekommenen Perücke, begleitet vom Sohn Carl Philipp Emmanuel, der musikalisch bereits eine neue Zeit einleitete; dort der aufgeklärte König und Feldherr, der sich im luftigen Rokoko von Sanssouci eingerichtet und als Person der politischen wie Geistesgeschichte mit dem Barock bereits abgeschlossen hatte. Dennoch: Die Bedeutung, die Bach diesem Ereignis beimaß, zeigt sich darin, dass er die Variationen und eine Triosonate über das Thema bereits zwei Monate später in Druck gab, das »Musikalische Opfer«. Nachdem ihn möglicherweise 1748 ein Schlaganfall ereilte (die Notenhandschrift ist danach verändert), musste Bach im Todesjahr – wie auch Händel – mit zunehmender Erblindung kämpfen. Im Juli 1750 starb mit Bach ein Komponist, der wie kein anderer noch zu Lebzeiten zum Monument der protestantischen Barockmusik geworden war.

GEGENÜBER Das Innere der Thomaskirche vom Chor aus Richtung Westen gesehen. Der Fotograf steht etwa an der Stelle der Bachgruft, wo die Gebeine des Komponisten 1950 ihre letzte Ruhe fanden. Zu Bachs Zeiten war die Kirche reich im Barockstil ausgestattet. Diese Veränderungen wurden 1878–89 beseitigt, zugunsten eines einheitlichen Gesamtbildes mit neogotischen Elementen, etwa der Kanzel aus Kalkstein, die Konstantin Lipsius 1889 schuf. Auch die Orgel entstand im späten 19. Jahrhundert, ist also nicht mehr das Instrument, auf dem Bach als Kantor spielte.

Und gegenüber der Kirche ein Museum

Das Bach-Museum Leipzig im Bosehaus wurde 2010 gegenüber der Thomaskirche neu eingerichtet. Die Boses waren eine mit Bach befreundete Familie. Die innovative Dauerausstellung beleuchtet alle Aspekte von Bachs Leben und Werk. Der Besucher kann mit Multimedia-Anwendungen zahlreiche Hörbeispiele aktivieren. Die Originalstücke spielen dabei gegenüber einer zeitgerechten, didaktischen Darstellung der Rolle Bachs für das Leipziger Musikleben wie für die Musikgeschichte insgesamt eine nachgeordnete Rolle.

Im Bosehaus ist ebenfalls das reiche Bach-Archiv untergebracht. In wechselnden Kabinettausstellungen des Museums werden seltene Archivalien und Originalhandschriften Bachs aus diesem Fundus gezeigt.

Kapellmeister eines Weltorchesters

DAS GEWANDHAUS UND DAS MENDELSSOHN-HAUS IN LEIPZIG

EINRICHTUNG EINES KONZERTSAALS IM GEWANDHAUS
1781
ERÖFFNUNG DES 2. GEWANDHAUSES (KONZERTHAUS)
DEZEMBER 1884
BAU DES NEUEN GEWANDHAUSES
1976–81
1900 PLÄTZE IM GROSSEN SAAL
ARCHITEKT
LEITUNG RUDOLF SKODA
GRÖSSE DES WANDBILDES VON SIGHARD GILLE
714 QUADRATMETER, HÖHE 31,5 METER

Der Augustusplatz in Leipzig erschließt sich besonders schön am Abend, wenn die Besucher in die Oper auf der Nordseite und das Gewandhaus im Süden zu den Aufführungen strömen und die Gebäude festlich erleuchtet sind. Die Oper war der einzige Neubau eines Musiktheaters in der DDR, dessen Architekten den 1943 zerstörten Vorgängerbau in zeitgemäß reduzierter Weise neu interpretierten. Zum Kulturforum wurde der Karl-Marx-Platz durch den Bau des Neuen Gewandhauses gegenüber 1976–81. Seit dieser Ort im Jahr 1990 wieder seinen alten Namen »Augustusplatz« erhielt, hat sich viel und nicht nur Gutes getan: Beim Bau einer Tiefgarage wurden zahllose archäologisch wertvolle Reste des mittelalterlichen und barocken Leipzig unwiderruflich zerstört. Die Diskussion um den Wiederaufbau der nach einer von Walter Ulbricht angeordneten Sprengung zerstörten Universitätskirche offenbart aktuell, wie problematisch die Neubebauung der Westseite eines Platzes ist, der bis 1943 zu den schönsten und größten Europas zählte.

Das Gewandhaus ragt wie ein Monolith neben dem ehemaligen Universitätshochhaus auf. Gemildert wird dies nachts, wenn sich beim Blick durch die 32 Figuren des 1886 vollendeten Mendebrunnens die quirligen Nereiden und Tritonen mit dem bunten Figurenwirbel der Fresken im Foyer des

Gewandhauses optisch überschneiden. Die Qualität des Gewandhausbaus erschließt sich erst im Inneren. Ein gewagtes Unternehmen war die komplette Bemalung der vorderen, gestuften Wände des Zuschauersaals, die sich wie gewellte Bahnen aus Farbe von den Kassenräumen nach oben zu den umlaufenden Foyers erstrecken. Dem Realismus der »Leipziger Schule« sollte hier ein bleibendes Denkmal gesetzt werden. Der Maler Wolfgang Peuker entsprach mit seinem Wandgemälde von 1980/81 nicht den offiziellen Erwartungen. Es wurde umgehend verbrettert und dann von Sighard Gille mit seinem »Gesang vom Leben« übermalt. Die Geschichte des Auftrags und das ausgeführte riesige Gemälde sind Zeitdokumente ersten Ranges. Die Bronzefigur von Ernst Barlachs »Singendem Mann« im Rang-Foyer darunter nimmt sich dagegen bescheiden aus. Mag man sich trefflich über diesen Kraftakt der Wandmalerei streiten. Beim Betreten des Hauptsaals verstummen die Diskussionen. Ähnlich wie in der Berliner Philharmonie ist das Orchesterpodium in den Raum gerückt. Die Kenntnis des Berliner Gebäudes darf vorausgesetzt werden, zudem Scharoun auch bei der Vorbereitung des Opernbaus in Leipzig im Jahr 1956 beteiligt war. Dominierendes Element im Innenraum des Gewandhauses ist der mächtige Orgelprospekt, den die Orgelbaufirma Schuke aus Potsdam aus 6638 Pfeifen aufbaute. Das Gewandhaus erwacht aber immer erst dann zu wirklichem Leben, wenn Musik den Raum mit seiner vorzüglichen Akustik erfüllt; und grandios wird das Erlebnis, wenn auch noch die Orgel mit in den Orchesterklang integriert wird.

Das Gewandhausorchester gehört nicht nur zu den besten Klangkörpern weltweit, es hat auch eine traditionsreiche Geschichte, die fast beispiellos ist. Bereits 1743 gründeten 16 Kaufleute das »Große Concert«. Zunächst spielte das bescheidene Orchester in einem Gasthof. Erst der Umzug in das Messehaus der Tuchwarenhändler führte 1781 zum Namen »Gewandhausorchester« und müsste streng genommen als Geburtsstunde des Orchesters gelten. Der Konzertsaal im Obergeschoss wurde immer wieder vergrößert. Im Revolutionsjahr 1789 gab es hier ein denkwürdiges Konzert: Wolfgang Amadeus Mozart machte sich zu einer letzten Bewerbungsreise nach Preußen auf – ohne greifbares Ergebnis. Auf der Hinreise spielte Mozart auf der ehrwürdigen Bachorgel der Thomaskirche; und auf der Rückreise präsentierte er eine Akademie aus eigenen Werken im Gewandhaus. Es sollte das letzte Konzert überhaupt sein, das er allein mit Eigenkompositionen bestritt. Gemeinsam mit der ihm immer treu verbundenen Sängerin Josepha Duschek gestaltete Mozart einen langen Abend mit Sinfonien, Klavierkonzerten und Konzertarien. Die Leipziger waren entzückt. Mozart beklagte allerdings die »mageren Einkünfte« aus diesem Kraftakt.

Zu einem zentralen Ort des europäischen Musikgeschehens wurde das Gewandhaus, als Felix Mendelssohn Bartholdy (1809–1847) 1835 die Leitung übernahm. Trotz vieler Reisen blieb er dem Orchester bis zu seinem frühen Tod dauerhaft verbunden. Mendelssohn reformierte nicht nur die Struktur des Orchesters, sondern legte den Grundstein für eines der

EINGANGSDOPPELSEITE, LINKS, UND GEGENÜBER Das riesige Wandbild von Sighard Gille dominiert nicht nur das Außenbild des Leipziger Gewandhauses; es ist zugleich eine Einladung, das Gebäude zu betreten und verklammert Außen und Innen. Besonders schön erschließt sich das Gebäude abends beim Blick vom Augustusplatz auf die Glasfassade. Der recht klobige Kubus gewinnt dann eine eigentümliche Transparenz und Leichtigkeit, die bestens mit dem Brunnen davor harmoniert.

Spitzenorchester der Romantik und Spätromantik. Ungewöhnlich war seine spannungsreiche Programmgestaltung. Er gab zeitgenössischen Werken eine Chance – etwa der Uraufführung der Sinfonien Schumanns – und vertiefte gleichzeitig die Pflege der Musik des 18. Jahrhunderts. Nirgendwo sonst konnte man um diese Zeit Mozart und Beethoven besser hören, aber auch Bachs Werke rückten erstmals in den Fokus. Man kann ohne Übertreibung sagen: Im Gewandhaus entstand fast schon ein Konzertrepertoire – etwas, das es bis dahin noch gar nicht gab. Dabei blieben die eigenen Werke Mendelssohns eher im Hintergrund, obwohl die »Schottische Sinfonie« oder das Violinkonzert erstmals in Leipzig gespielt wurden. Ab 1842 schmückte das noch heute genutzte Motto den erneut erweiterten Gewandhaussaal: »Res severa verum gaudium ...« – »Eine ernste Sache und eine wahre Freude«. Aber Mendelssohn tat noch mehr für die sächsische Metropole: Er sorgte für einen Qualitätssprung beim Sing-Verein und setzte die Gründung des Konservatoriums 1843 durch, das heute als Hochschule für Musik seinen Namen trägt.

Vom Neuen Gewandhaus sind es nur wenige Schritte zum Mendelssohn-Haus. Erst 1997 wurde es eingerichtet; der Komponist lebte 1845 bis zu seinem Tod in dieser noblen Raumflucht. Heute zeigt man hier neben den üblichen Informationen zu Leben und Wirken vor allem sehr schöne Biedermeiermöbel, die dem Einrichtungsstil zu Mendelssohns Zeiten entsprechen. Das Arbeitszimmer gehört zu den schönsten Epochenräumen aller Musikerhäuser in Deutschland. Der private Konzertsaal der Familie wird gerne für kammermusikalische Vorträge genutzt.

Die weitere Geschichte des Gewandhauses sei rasch nachgetragen. 1884 erbauten Martin Gropius und Heino Schmieden endlich einen repräsentativen Konzertsaal mit 1700 Plätzen. Ein Höhepunkt in der Geschichte des 2. Gewandhauses war die Kapellmeisterzeit Arthur Nikischs, der das Orchester 1895–1922 führte und seinerzeit als Spezialist für Tschaikowski, Bruckner und Reger galt; danach folgten Wilhelm Furtwängler und Bruno Walter. Nach der Zerstörung 1943 musste sich das Orchester bis 1981 mit Notbehelfen zufriedengeben. Kurt Masur setzte in dieser spannenden Phase von 1970 bis 1996 entscheidende künstlerische, aber auch politische Zeichen. Erst begleitete er den Neubau, dann solidarisierte er sich im Wendejahr 1989 mit den Forderungen der Montagsdemonstranten, stellte das Gewandhaus für Diskussionsforen zur Verfügung und moderierte die politischen Übergangsprozesse. Die Leipziger danken ihm dies bis heute. Masur ist Ehrendirigent des Orchesters.

GEGENÜBER Blick in das Arbeitszimmer im Mendelssohn-Haus. Gar nicht weit entfernt vom Gewandhaus lebte Felix Mendelssohn-Bartholdy hier die letzten drei Jahre seines Lebens. Die Gedenkstätte ist liebevoll eingerichtet. Insbesondere Speisesaal, Musiksalon und eben das gezeigte Arbeitszimmer sind mit vielen originalen Stücken ausgestattet worden. Das Komponistenleben eines bedeutenden Deutschen im ausgehenden Biedermeier wird hier anschaulich erlebbar.

Schumann in Leipzig

In der Leipziger Inselstraße erinnern einige wiederhergestellte Räume, insbesondere der klassizistische Konzertsaal, an Clara und Robert Schumann. Das junge Ehepaar verbrachte die ersten vier glücklichen Ehejahre nach der Hochzeit 1840 in dem Gebäude, das noch aus dem Klassizismus stammt. Mendelssohn, der Märchendichter Andersen, Chopin und Liszt zählten zu den Besuchern der Familie. Aber auch berühmt gewordene Kompositionen Schumanns entstanden hier, etwa die »Frühlingssinfonie«.

Noble Pracht in ausgebrannten Mauern

DIE SEMPEROPER IN DRESDEN

BAU DES ERSTEN KÖNIGLICHEN HOFTHEATERS
1838–41
NACH BRAND 1869 NEUBAU
1871–78
ARCHITEKT BEIDER GEBÄUDE
GOTTFRIED SEMPER
AUSGEBRANNT
13. FEBRUAR 1945
WIEDERAUFBAU
1977–85
LEITUNG
WOLFGANG HÄNSCH
KAPAZITÄT
CA. 1300 PLÄTZE

Was hat Bautzen mit der Dresdner Semperoper zu tun? Eine ganze Menge, denn dort befindet sich ein bedeutender Rest der ersten Dresdner »Semperoper«, die 1869 abbrannte. Als man 1871 den Neubau der zweiten Semperoper begann, gab es für die aus dem Brandschutt des Vorgängerbaus geborgenen Skulpturen der Nordwand keinen Bedarf mehr. Der Giebelfries mit der »Allegorie der Tragödie« von Ernst Rietschel wanderte erst einmal in die Depots. Der Bildhauer, der diese Skulpturen für das Königliche Hoftheater in Dresden geschaffen hatte, war nicht irgendwer; hatte er doch mit dem Goethe-Schiller-Denkmal 1856 eine Ikone der Erinnerungskultur vor das Theater in Weimar gestellt. Die Dresdner schenkten der Stadt Bautzen 1902 ihre in Vergessenheit geratenen Opernreste. Von dort aus begaben sie sich dann auf eine eigenartige Odyssee: Zunächst wurde der Rietschel-Fries voller Stolz am Bautzener Theater angebracht, das man dann allerdings 1969 abriss. Erst seit 2003 wird er vor dem Puppentheater auf der Ortenburg angemessen präsentiert.

Ähnlich bewegt war auch die Geschichte des zweiten Hoftheaterbaus, den wir heute kennen und schätzen. Obwohl Gottfried Semper um 1870 einer der gefeierten Baumeister und Architekturtheoretiker Europas war, durfte er wegen seiner Aktivitäten während der Revolution in Dresden

EINGANGSDOPPELSEITE, LINKS
Ungewöhnlicher Blick von der Bühne der Semperoper in den Zuschauerraum. Die Versatzstücke des modernen Bühnenbildes, das gerade für eine Vorführung aufgebaut wird, kontrastieren mit dem 1985 nach mühevoller Rekonstruktion wiedergewonnenen Zuschauerraum aus der Zeit Gottfried Sempers. Im Zentrum des ersten Ranges ist gut die ehemalige Loge der sächsischen Könige zu erkennen.

VORHERIGE DOPPELSEITE
Die Semperoper mit ihrer Prachtfassade zum Theaterplatz wirkt besonders eindrucksvoll, wenn sie nachts angestrahlt wird. Hinter dem Fotografen sind Hofkirche und Schloss zu ergänzen. Bei dieser Ansicht wird das Genie des Architekten Semper eindrucksvoll spürbar. Es gelang ihm, die Massen der gewaltigen Architektur so zu staffeln, dass die Seitenflügel den Besucher fast zu umarmen scheinen und ihn zum Eintreten auffordern. Repräsentationsbedürfnis, Funktion, die Lage im Stadtgefüge und menschliches Maß sind hier gleichermaßen berücksichtigt.

1848/49 immer noch nicht nach Sachsen einreisen; sein Sohn Manfred führte den Bau nach den Vorgaben des berühmteren Vaters aus. In der Zwischenzeit hatte Semper mit dem großen Gebäude der heutigen Eidgenössischen Technischen Hochschule (ETH) 1858–64 eines seiner Hauptwerke geschaffen, bevor er in Wien den Masterplan für die Ringstraße mitverantwortete; vor allem beim Neubau des Burgtheaters, der großen Museen und der Neuen Hofburg war er beteiligt. Insofern ist die Semperoper auch ein Stück prunkvoller »Ringstraßenarchitektur« am Dresdner Theaterplatz, erinnert sie doch stark an den k. u. k.-Baustil Wiens. Ähnlich wie beim Burgtheater sind die Baumassen logisch gegliedert, ist der Außenbau ein Spiegel der Innenarchitektur: vorne die ausgerundeten Ringfoyers in zwei Etagen, seitlich links und rechts die Kutschenvorfahrten und Treppenhausflügel; hinter dem Zuschauerraum das mächtige Dach des Bühnenhauses.

Unter einem österreichischen Musikdirektor und Kapellmeister erlebte die neue Hofoper dann auch ihre größten Sternstunden: Ernst von Schuch machte das neue Haus bis zu seinem Ausscheiden 1914 zu einer der ersten Opernbühnen Europas. Allein die Liste der Uraufführungen von Werken Richard Strauss' unter seiner Stabführung ist legendär: »Feuersnot« (1901), »Salome« (1905), »Elektra« (1909) und »Der Rosenkavalier« (1911). Auch später war die Verbindung zu Richard Strauss eng, bis hin zur Skandalaufführung der »Schweigsamen Frau« 1935, der die NS-Prominenz fernblieb, aus Protest gegen Strauss, der darauf bestanden hatte, den jüdischen Textdichter Stefan Zweig im Programmheft zu erwähnen. Hier begann die Katastrophe, die 1945 letztlich zur Vernichtung Dresdens und seiner Oper führte.

Lange stand der ausgebrannte Theaterbau als Menetekel den Ruinen von Schloss und Taschenbergpalais gegenüber. In den 1970er-Jahren fiel die Entscheidung, die Semperoper wieder komplett innen wie außen zu rekonstruieren. Diese Entscheidung macht insofern stutzig, als zur gleichen Zeit in der DDR immer noch historische Bausubstanz an anderen Orten verfiel, weggeräumt oder abgewickelt wurde. Ein glücklicher Umstand machte den Wiederaufbau auch hartgesottenen Gegnern schmackhaft: die progressive Rolle des revolutionären Architekten Semper, der 1848 seine Expertise den Revolutionären für den Barrikadenbau zur Verfügung gestellt hatte.

Der Wiederaufbau erforderte minutiöse Kleinarbeit. Lediglich einige Säulen und Freskenreste in den Foyers und Treppenhäusern hatten den Feuersturm überlebt; der Rest wurde aufwändig nach Fotos rekonstruiert, von den Holzverkleidungen im Eingangsfoyer bis zur berühmten ersten »digitalen« Uhr über dem Bühnenbogen. Lediglich die Verwaltung, Probebühne und Werkstätten bekamen einen modernen Neubau, der über Brücken mit dem Bühnenhaus verbunden wurde. Der Theaterbau strahlte wieder im prächtigen gründerzeitlichen Glanz der Neorenaissance, als sich am 13. Februar 1985 der nagelneue Schmuckvorhang zur ersten Aufführung von Sächsischer Staatsoper und Staatskapelle hob. Datum und Stück waren voller Symbolkraft: Genau 40 Jahre nach dem Feuersturm wurde mit dem »Freischütz« jene Oper gespielt, mit deren letzter Aufführung die Semperoper 1944 kriegsbedingt den Betrieb einstellen musste. Der Wiederaufbau hat sich gelohnt: Das Haus hat eine der besten Sitzauslastungen aller Opernhäuser Europas. Die Semperoper ist ein Touristenmagnet wie das Grüne Gewölbe, die »Sixtinische Madonna« und die Frauenkirche. Zugleich ist sie ein lebendiges Denkmal für die Beharrlichkeit der kulturbeflissenen Dresdner geworden, die sich ihr verloren geglaubtes Elbflorenz in den letzten Jahrzehnten Stück für Stück zurückerobert und neu geschaffen haben.

Old Shatterhand in Sachsen

In einem Buch zu Orten der Dichtung und Musik darf eine recht eigentümliche, gleichwohl populäre Stätte im Dresdner Umland nicht fehlen: Die »Villa Shatterhand« des Abenteuerschriftstellers Karl May (1842–1912), in der dieser sich ab 1895 als wagemutiger Abenteurer und später als Philanthrop inszenierte. Die bizarre Ausstattung mit originalen und auch nicht ganz so originalen Versatzstücken aus Orient und Nordamerika ist eindrucksvoll genug. Wer es bunt mag und Trubel nicht scheut, dem sei zusätzlich die Indianerausstellung in der »Villa Bärenfett« empfohlen. Viele junge und alte Fans von Winnetou & Co. lassen es sich nicht nehmen, an diesem fantastischen Dichterort auf Spurensuche zu gehen.

Refugium und Lebensraum eines Dichterfürsten

DAS GARTENHAUS AN DER ILM UND GOETHES WOHNHAUS IN WEIMAR

GARTENHAUS AN DER ILM
BAUZEIT 1695–99
GOETHES WOHNHAUS
1776–82
ANLAGE DES GARTENS
1778–1830
MUSEAL ZUGÄNGLICH
1886, LETZTE SANIERUNG 1995/96
HAUS AM FRAUENPLAN
BAUZEIT 1707–09
GOETHES WOHNSITZ
1782–89, 1792–1832
SCHENKUNG DES HERZOGS AN GOETHE
1794
UMBAU NACH IDEEN GOETHES
BIS 1794
TESTAMENTARISCH VON GOETHES ENKEL WALTHER DEM GROSSHERZOG VERMACHT, DARAUF GOETHE-NATIONAL-MUSEUM
1885

Johann Wolfgang von Goethes (1749–1832) Häuser in Weimar könnten unterschiedlicher nicht sein. Gewiss müssen beim Vergleich einige Dinge berücksichtigt werden, die die museale Aufbereitung und Einrichtung ab 1885 betreffen: Das Gartenhaus an der Ilm ist mehr oder weniger leergeräumt, das spätere Wohnhaus am Frauenplan verfügt durch die sorgfältigen Rekonstruktionen nach 1945 noch über eine weitgehend komplette Innenausstattung mit Möbeln, Inventar und Gedenkstücken. Hier kann man sich noch sehr lebhaft vorstellen, wie der Dichterfürst lebte und arbeitete. Die Unterschiede der Häuser spiegeln auch den sozialen Aufstieg Goethes und den sich wandelnden Lebensstil über die Jahrzehnte, von der Einladung nach Weimar durch Herzog Carl August 1776 bis zum Tod 1832.

Goethes Haus im Park an der Ilm ist im Vergleich zum späteren Wohnhaus ein bescheidenes, ja beengtes Domizil. Allerdings darf nicht vergessen werden, dass auch der Beamtenadel am kleinen Weimarer Hof nicht gerade hochherrschaftlich wie in anderen Residenzen wohnte. Weimar hatte bei Goethes Ankunft nur 6000 Einwohner und war ein Städtchen der Beamten, Handwerker und Ackerbürger. Fast alles, was wir heute sehen und bewundern, entwickelte sich erst in den Jahren und Jahrzehnten danach. Die Räume sind jedenfalls rasch durchschritten. Unten die Küche

und das »Erdsälchen«, wie es Goethe nannte, im ersten Stock ein Arbeits- und Schlafzimmer, dazu zwei weitere winzige Räume. Nach dem Umzug in das größere Haus am Frauenplan 1782 blieb das »Gartenhaus« zum Arbeiten und auch Schlafen verfügbar. Viele bedeutende Werke entstanden hier in den folgenden Jahrzehnten. Der eigenartige Sitzbock am Lesepult und das Klappbett, das Goethe gerne mit auf Reisen nahm, sind die schönsten Ausstellungsstücke dort.

»Hab ein liebes Gärtgen vorm Tore an der Ilm schönen Wiesen in einem Tale. Ist ein altes Häusgen drinne, das ich mir reparieren lasse …«, so schrieb der Dichter an die Gräfin Stolberg im Mai 1776. Die Gewichtung ist bezeichnend: Der Garten gehörte von Beginn an als integraler Bestandteil zum Haus. Goethes Hauptinteresse lag in der Verschönerung des Außenbereichs, der Anlage von Gemüse- und Pflanzenbeeten, rechtwinklig sich schneidender kleiner Wege und Ruhebänke. Das Dichterhaus sollte Bestandteil des Parks an der Ilm werden, den Goethe ab 1778 auf Anregung des Herzogs maßgeblich als englischen Landschaftsgarten gestaltete; es sollte sich aber auch als Refugium mit kleinem eigenen Garten abgrenzen. Immerhin lag das herzogliche Schloss nur zwei Steinwürfe entfernt auf der anderen Flussseite. Ein wenig Abstand zu demonstrieren, erwies sich als gute Idee. Nachdem der Herzog begriffen hatte, dass er sich mit Goethe nicht nur den bereits berühmten Autor der »Leiden des jungen Werther« an Land gezogen hatte, sondern einen versierten Verwalter, Naturwissenschaftler und Ästheten, stieg die Begehrlichkeit: Er überhäufte den Neuankömmling mit den verschiedensten administrativen Aufgaben. Goethe war Minister, Intendant und Stilberater in fast allen Angelegenheiten des Herzogtums Weimar, vom Bergbau in Ilmenau, von der Architektur und Gartenkunst bis zum Aufbau eines repräsentativen Theaters. Dabei blieb kaum mehr Muße zum Dichten und Schreiben. Goethes anfängliche Begeisterung über die vielfältigen Aufgaben, verbunden mit dem Stolz, unentbehrlich zu sein, wich bald der Ernüchterung. Auch deshalb brach er 1786 heimlich Richtung Italien auf. Davor lag aber noch die Beförderung zum Hofrat und die Übereignung des erblichen Adelstitels 1782, ein Höhepunkt in Goethes steiler gesellschaftlicher Karriere.

Im selben Jahr 1782 bezog Goethe als Hauptwohnung das Haus am Frauenplan. Zu Beginn des Jahrhunderts für den Strumpfhändler und Kammerkommissar G.C. Helmershausen gebaut, wies es im Gegensatz zum »Gartenhaus« durchaus adligen, zumindest großbürgerlichen Zuschnitt auf. Das zweigeschossige Vorderhaus mit immerhin 14 Fensterachsen und erhöhtem Mitteleingang wird von zwei Torzufahrten links und rechts zusätzlich rhythmisiert. Damit war es möglich, dass Hausherr oder Gäste mit der Kutsche im Einbahnverkehr in den schmalen, aber langgestreckten Hof einfahren konnten, ohne auf der Straße gesehen zu werden. Die vorgegebene Struktur des Baus ließ Goethe seinen Wünschen anpassen, wobei seine Lebenspartnerin (ab 1797) und spätere Ehefrau (1806 bis zu ihrem Tod 1816) Christiane Vulpius insbesondere in den Wohnräumen und beim Garten ihre Ideen einbrachte. 1792 wurde drei Monate lang

EINGANGSDOPPELSEITE, LINKS, UND GEGENÜBER Erst der Besuch beider Goethe-Häuser in Weimar ergibt einen schlüssigen Gesamteindruck vom Leben und Wirken des Dichters, Politikers und Universalgelehrten: hier das bescheidene Gartenhaus im Park an der Ilm, Goethes erstes Häuschen nach der Ankunft in Weimar; dort das aristokratische Stadtpalais am Frauenplan, in dem der arrivierte Dichterfürst viele Jahrzehnte bis zum Tod residierte.

OBEN Blick in die Raumfolge der Beletage im Goethe-Haus am Frauenplan. Dort liegen die offiziellen Räume für die zahlreichen Gäste des Hauses als Abfolge abwechslungsreich gestalteter Empfangs- und Sammlungszimmer. Links ist der Gipsabguss der Juno Ludovisi zu sehen. Goethe hatte das antike Original in Rom bewundert und integrierte hier, wie an vielen anderen Stellen des Hauses, Stücke der von ihm verehrten Antike zumindest als Kopie in sein Lebensumfeld.

kräftig umgebaut. Entscheidend waren Anregungen, die Goethe auf seiner Italienreise 1786–88 erhalten hatte. Und nicht nur das: auch die persönlichen Sammlungen wurden immer umfangreicher. Gemälde, Stiche, Abgüsse antiker Statuen, Karten und Atlanten, Mineralien und Naturalia – über 50 000 Gegenstände insgesamt. Gesellschaftsräume, Studienzimmer und privates Wohnen mussten miteinander harmonieren, und der Hofrat entschied sich für eine funktionale Trennung, die im Haus bereits angelegt war. Die Beletage des Vorderhauses war bis auf zwei Studiensäle Besuchern vorbehalten, die über eine neu angelegte, repräsentative Holztreppe auf niedrigen Stufen würdevoll hinaufschreiten konnten. Es ist wunderbar nachzuvollziehen, wie sich der anfänglich noch hektische Schritt verlangsamt, wie erste Antiken in den Blick kommen und das Auge das

Deckenbild der Götterbotin Iris über sich erblickt! Oben angekommen, ist man recht unvermittelt im Gelben Saal, dem Speisezimmer. Von hier aus erstreckt sich eine Enfilade von Empfangs- und Studienräumen entlang der Vorderfront des Hauses. Hier wurden Gäste bewirtet; hier wurden Freunden die Schätze der Sammlung gezeigt. Die Dekoration liest sich wie der Kosmos des Goethe'schen Denkens: Kopien und kolorierte Stiche nach Werken Raffaels, arkadische Landschaften, pompejanische Wandmalerei, die Götterwelt des Altertums, darunter der berühmte überlebensgroße Abguss des Kopfes der Juno Ludovisi. Man meint alles schon gesehen zu haben, aber entdeckt es hier doch noch einmal ganz neu: So dicht ist die Atmosphäre und so wohnlich zugleich. Dieser angenehme Eindruck beruht auch auf dem Farbenkonzept der Tapeten und Bordüren, dem der Naturforscher seine Farbenlehre zu Grunde legte. Wir wissen von intensiven Diskussionen mit Schiller über die angemessene Farbwahl in Innenräumen, als dieser sich sein Haus ganz in der Nähe einrichtete.

UNTEN Ein Brückenzimmer, das Goethe über den schmalen Hof des Hauses bauen ließ, verbindet die Empfangsräume im Vorderhaus mit den Privatzimmern im Hinterhaus. Mit den Büsten der geschätzten Freunde und Kollegen, Schillers wie Herders, verknüpfte er in der Einrichtung auch hier Reminiszenzen an die Italienreise und die Antike.

Ein von Goethe über den Hinterhof gelegter saalartiger Brückenübergang ruft mit Abgüssen antiker Figuren das Thema vorne nochmals auf, die Büsten Herders und Schillers weisen aber auch auf die Freundschaft hin und damit auf die Intimität der Privaträume im Hinterhaus: Im Osten richtete sich Christiane Vulpius einige behagliche Zimmer ein, und im Westen beginnt das Allerheiligste des Hauses: Goethes Arbeits- und Sterbezimmer. Ein gewisser Schauer stellt sich unweigerlich ein, wenn man den schlichten Arbeitsraum mit der niedrigen Decke sieht, dessen Tische und Regale noch mit den verschiedensten Utensilien aus der Denkwerkstatt des großen Naturforschers und Poeten angefüllt sind, als habe dieser den Raum gerade verlassen. Es kommen Kommentare des alten Goethe in den Sinn, der 1829 anmerkte: »Prächtige Gebäude und Zimmer sind für Fürsten und Reiche. Wenn man darin lebt, fühlt man sich beruhigt, man ist zufrieden und will nichts weiter. Ich bin in einer prächtigen Wohnung ... sogleich faul und untätig. [...] Dieses schlechte Zimmer, worin wir sind, ein wenig unordentlich ordentlich, ein wenig zigeunerhaft, ist für mich das Rechte, es läßt meiner Natur volle Freiheit, tätig zu sein und aus mir selbst zu schaffen.« Dieser Satz gilt für das Arbeitszimmer des Gartenhauses wie für den Denkraum hier am Frauenplan, aber in gewisser Weise auch für das schlichte Schlafzimmer nebenan. Im Lehnstuhl neben dem Bett entschlief Goethe am 22. März 1832.

VORHERIGE DOPPELSEITE UND LINKS Im Westen des Hinterhauses liegen die persönlichsten und intimsten Räume des Goethe-Hauses am Frauenplan: Goethes Arbeitszimmer mit den vielen durchdachten Regalen und Ablageflächen; und direkt anschließend sein bescheidenes Schlafzimmer, in dem der große Dichter und Denker 1832 verstarb – im Lehnstuhl neben dem Bett sitzend.

Goethe in Stützerbach und Frankfurt

Mehr als nur eine Ergänzung zu den Weimarer Goethe-Häusern stellen zwei ganz unterschiedliche Goethe-Gedenkstätten dar: Im Haus des Glashüttenbesitzers Gundelach in Stützerbach, südlich von Ilmenau im Thüringer Wald gelegen, wohnte Goethe 1776–80 mehr als zehn Mal, auch gemeinsam mit Herzog Carl August. Das Goethe-Museum beschäftigt sich mit dem Naturwissenschaftler Goethe, die hübsche Goethe-Stube ist noch im Wesentlichen original erhalten.

Die zentrale museale Gedenkstätte zu Goethes Leben und Werk ist, gleichwertig zu Weimar, das Goethe-Haus in Frankfurt. Nach den Zerstörungen im Zweiten Weltkrieg wurde es akribisch wiederhergestellt. Die Räume vermitteln ähnlich wie in Weimar ein lebendiges Bild bürgerlicher Wohnkultur des 18. Jahrhunderts – hier schwerpunktmäßig der Familie Goethe. Das angrenzende Museum zeigt die einzige deutsche Gemäldesammlung, die sich exklusiv der Goethezeit in allen Aspekten widmet. Ein Muss ist natürlich auch der Besuch im Frankfurter Städel-Museum, das als einen der vielen Schätze das berühmteste Goethe-Gemälde aufbewahrt: Tischbeins Bild von »Goethe in der römischen Campagna« (1787).

C. BECHSTEIN
BERLIN

Kühne Zukunftsmusik in der Goethestadt

DAS LISZT-HAUS IN WEIMAR

LISZT HOFKAPELLMEISTER IN WEIMAR
1848–61
WOHNORT
DIE ALTENBURG IN DER JENAER STRASSE
URAUFFÜHRUNG VON WAGNERS »LOHENGRIN«
28. AUGUST 1850
UMZUG NACH ROM
1861
SOMMERAUFENTHALTE IN WEIMAR
AB 1869
EINRICHTUNG ALS LISZT-MUSEUM
1887

Als die Weimarer Herzogsfamilie Franz Liszt (1811–1886) 1842 für den Posten des »Hofkapellmeisters im außerordentlichen Dienst« gewinnen konnte, ahnte noch keiner der Beteiligten, wie stabil die Beziehung des deutsch-ungarischen Klaviervirtuosen zur kleinen Residenzstadt an der Ilm werden würde. Liszt hatte die Jahre zuvor nur aus dem Koffer gelebt und war als international gefeierter Pianist in allen Konzertsälen Europas zuhause. Warum nun ausgerechnet Weimar, wo Liszt im Revolutionsjahr 1848 sich tatsächlich dauerhaft niederließ? Persönliche ebenso wie politische Gründe waren wohl ausschlaggebend für diese Wahl. Die von revolutionären Unruhen geprägte Lage in Europa erschwerte das Reisen von einer Metropole zur nächsten. Dann hatte Liszt 1847 die russische Fürstin Elisabeth Carolyne von Sayn-Wittgenstein lieben gelernt. Nach der schwierigen Trennung von Marie d'Agoult zuvor sehnte er sich nun nach Ruhe. Dass die Fürstin verheiratet war, führte allerdings auch in Weimar zu einigen Friktionen und protokollarischen Problemen. Schließlich wollte Liszt nun endlich auch als Komponist aufwändiger sinfonischer Dichtungen und Sinfonien, Chorwerke und Instrumentalkonzerte wahrgenommen werden. In Weimar bleib ihm hierfür Zeit und die Möglichkeit, sich auf diese Arbeit zu konzentrieren. Obwohl man keineswegs feststellen kann,

EINGANGSDOPPELSEITE, LINKS
Liszts Domizil in Weimar beeindruckt als noch vollständig erhaltene Musikerwohnung des späten 19. Jahrhunderts. Die Schlichtheit des Biedermeier ist hier zugunsten gründerzeitlicher Üppigkeit bereits aufgegeben worden. Die gestreiften Vorhänge und einige andere Details erinnern an ungarische Wohnkultur. Im Zentrum des Musiksalons steht natürlich der Konzertflügel. Hier gab der alte Liszt seine Meisterkurse, hier lauschten die vielen Besucher seinem phänomenalen Klavierspiel. Der Musiksalon war somit nicht nur Arbeitsplatz, sondern auch gesellschaftliches Zentrum der Künstlerwohnung.

dass Liszt mit seinen Aufgaben in der Residenzstadt unterfordert war. Er hatte das Orchester auf Vordermann zu bringen, das Opernensemble war mickrig, und das Corps de Ballett bestand aus exakt jeweils zwei Tänzerinnen und Tänzern. Der Stoff, aus dem die Träume sind, sah wahrlich anders aus, aber Liszt machte sich mit Elan an die neue Dirigentenaufgabe. So wie er das Klavierspiel revolutioniert hatte, führte er auch hier Neuerungen ein: Als Dirigent gab er nicht nur strikt den Takt vor – so wie man es bis dahin gewohnt war –, sondern sah sich als Interpret, der mit Körper- und Armbewegungen den Charakter eines Musikstücks dem Orchester wie dem Publikum vermittelte. Was wir heute als selbstverständlich erachten, war seine Erfindung in Weimar.

Liszt tat viel für die Stadt und hatte mit der Großherzogin Maria Pawlowna eine energische Fürsprecherin. Ihr Interesse war es, nach dem »Goldenen Goethezeitalter« nun wenigstens eine »Silberne Ära« zu prägen; sie pflegte die Tradition der großen Dichter, aber bemühte sich auch um Anschluss an neue Tendenzen in der Kultur. Und der Großherzog Carl Alexander unterstützte seine Gattin. So schrieb er an seinen Hofkapellmeister 1856: »Die Pflichten Weimars gegen Deutschland sind bekannt. Sie sind die natürlichen und unausbleiblichen Folgen seiner Vergangenheit, der Vergangenheit Weimars. Diese Vergangenheit muß die Gegenwart gebieten, um die Zukunft vorzubereiten.«

Der Weimarer Bevölkerung waren Liszts Uraufführungen neuester Musik von Berlioz oder Wagner ein Graus. Der Komponist und Dirigent galt als großbürgerlicher bunter Vogel, der merkwürdige Gäste in der Altenburg auf der anderen Ilmseite empfing und in skandalöser wilder Ehe lebte. Nach einem inszenierten Skandal um Peter Cornelius' komische Oper »Der Barbier von Bagdad« wurde es selbst dem geduldigen Operndirektor zu viel. Liszt reichte seinen Abschied ein und verließ nach der folgenreichen Gründung des Allgemeinen Deutschen Musikvereins 1861 die Stadt.

In den nächsten Jahren pendelte er zwischen Rom, wo er die Weihen eines katholischen Klerikers empfing und sich von da an Abbé Liszt nannte, sowie Budapest, das ihm auf Grund seiner Herkunft schon immer zu Füßen gelegen hatte. Der Weimarer Großherzog Carl Alexander zog sich aus der Konkurrenz der Städte um den Musikerstar allerdings nicht so ohne Weiteres zurück. Er bot Liszt das ehemalige Hofgärtnerhaus direkt am Ilmpark als Wohnung an. Der weltbekannte Komponist wollte nicht nachtragend sein und verbrachte ab 1869 regelmäßig einige Sommermonate dort und unterrichtete vor allem prominente Schüler aus dem In- und Ausland meist unentgeltlich. Die »Meisterkurse« heutiger Klassikstars haben hier ihren Ursprung.

Liszts Wohnung im ersten Stock ist noch komplett so eingerichtet wie zu seinem Tod 1886. Dieser Glücksfall ist dem Umstand zu verdanken, dass bereits im Folgejahr die Räumlichkeiten zum Museum erklärt wurden; Liszts alte Haushälterin führte interessierte Besucher durch die Räume. An kaum einem anderen Ort kann deshalb eine bedeutende Komponistenwohnung so unverfälscht erlebt werden wie hier. Im Zentrum steht natürlich das Konzertzimmer mit dem Steinway-Flügel und einem Ibach-Klavier. Aber auch die übrigen Räume strahlen eine Gediegenheit mit Tendenz zur Übermöblierung aus. Dieser Horror Vacui unterscheidet die Räume von den klassizistischen und biedermeierlichen Weimars und kündigt bereits die Gründerzeit an – wie auch Wagners »Villa Wahnfried« in Bayreuth. Liszt selber stellte seine Zeit in Weimar einmal unter folgendes Motto: »Wir freuen uns am Alten, doch Neues zu gestalten, treibt mächtig uns der Geist.« Es spricht für Weimar, dass genau diese Haltung dort lange Zeit möglich war, nicht zu vergessen die Dinge, die da kommen sollten: der Jugendstil Henry van de Veldes und schließlich die Gründung des Bauhauses 1919.

Das Weimarer Nationaltheater

Das ehemalige großherzogliche Theater war ursprünglich 1779 errichtet, dann nach Brand 1825 durch einen klassizistischen Neubau ersetzt worden, der dann wiederum 1906 abgerissen wurde. Danach errichtete das Büro Heilmann & Littmann 1906 den heutigen Bau, der außen und in Teilen des Foyers noch erhalten ist. Der Neubau des Zuschauerraums des nun »Deutsches Nationaltheater« genannten Baus und der Bühne wurde von 1973–75 unternommen. Das Weimarer Theater war hochbedeutend als Uraufführungsort, etwa der Dramen Schillers und später unter Liszt zahlreicher Opern, und wurde schließlich 1919 als Versammlungsraum der Nationalversammlung auch zum Ort der politischen Geschichte Deutschlands.

Kultraum für einen großen Denker im Jugendstil

DAS NIETZSCHE-ARCHIV IN WEIMAR

GRÜNDUNG DES ARCHIVS IN NAUMBURG

1894

ÜBERFÜHRUNG NACH WEIMAR

1897

UMBAU DER »VILLA SILBERBLICK«

1902–03

ARCHITEKT

HENRY VAN DE VELDE

IM BESITZ DER STIFTUNG NIETZSCHE-ARCHIV

1908–56

ÜBERFÜHRUNG IN DIE STIFTUNG WEIMARER KLASSIK UND RENOVIERUNG

1990/91

Das ehemalige Weimarer Nietzsche-Archiv, heute Nietzsche-Kolleg, lässt sich auf zweierlei Art betrachten. Natürlich liegt seine Hauptbedeutung für die Kultur- und Geistesgeschichte des 20. Jahrhunderts in der Archivfunktion selbst, die hier bis zur Auslagerung der Bücher Nietzsches in die Anna-Amalia-Bibliothek sowie der Archivalien in das Gebäude des Goethe-Schiller-Archivs 1950 an einem Ort konzentriert war. Wie in einem Brennspiegel konzentrieren sich hier Geist und Ungeist eines Jahrhunderts. Nietzscheaner wie Nietzsche-Forscher aus der ganzen Welt kommen an diesen Ort, an dem Friedrich Wilhelm Nietzsche (1844–1900) ab 1897 in geistiger Umnachtung bis zum Tod unter pflegerischer Obhut seiner Schwester Elisabeth Förster-Nietzsche (1846–1935) im Obergeschoss lebte, während sie unten in den Archivräumen mit einem Stab wechselnder, ihr genehmer Mitarbeiter seinen Nachlass aufarbeitete. Es mutet bizarr an, dass ausgerechnet die gerne von Nietzsche als »Lama« bespöttelte Schwester, die ihn in pathologischer Übersteigerung verehrte, sich nun derart ins Zentrum des beginnenden Nietzsche-Kults stellte, während der demente Bruder oben auf dem Balkon die Sonne genoss. Elisabeth Förster-Nietzsches Verständnis der Schriften ihres Bruders mag zweifelhaft gewesen sein, von der Witwe Cosima Wagner hatte sie allerdings lernen können, wie mit viel politischem

EINGANGSDOPPELSEITE, LINKS, UND FOLGENDE DOPPELSEITE, LINKS Der Hauptraum des Nietzsche-Archivs in Weimar wurde von Henry van de Velde in reinen Jugendstilformen gestaltet, von den Möbeln bis zu den Regalen und Schränken. Elisabeth Förster-Nietzsches Anliegen war es, hier einen Kultraum für den großen Philosophen zu schaffen, in dem sie diverse Devotionalien für Forscher und Nietzscheaner aus aller Welt zur Schau stellte. Der schöne Raum wirkt heute also schlichter und aufgeräumter als zu Beginn des 20. Jahrhunderts. Prunkstücke sind die Marmorherme mit dem Bildnis Nietzsches, die Max Klinger schuf, sowie der aufwändig gestaltete Kamin mit dem Initial »N« für »Nietzsche« darüber.

Geschick, verstiegenem Sendungsbewusstsein und eiserner Durchsetzungskraft aus einem Nachlass Honig zu saugen war. Über kaum ein persönliches Arrangement ist deshalb auch so viel gestritten und geschrieben worden. Die Geschichte des Nietzsche-Archivs seit der Gründung 1894 in Naumburg bis in die Zeit des Nationalsozialismus hinein ist genauso janusköpfig wie seine Geschichte nach 1945, als die DDR einerseits den Philosophen Nietzsche und seine Schriften verfemte, andererseits westlichen Forschern weiterhin Zugang zum Nachlass gewährte.

Allerdings kann das Gebäude der gründerzeitlichen »Villa Silberblick« auch einfach als ein Hauptwerk des Jugendstils genossen werden. 1897 hatte Elisabeth Förster-Nietzsche das Gebäude von der Mäzenatin Meta von Salis zur Verfügung gestellt bekommen. Beide zerstritten sich fast umgehend. Es ist hier ohnehin nicht der Ort, die ständigen Wechsel von Freundschaften zu Feindschaften auszuloten, die eigentlich fast alle Mitarbeiter des Archivs und Herausgeber der Werke Nietzsches als Schicksal teilten. Die Schwester hatte ein vorrangiges Ziel: die Deutungshoheit über das Werk des Bruders an ihre Person zu binden. Und dies schloss finanzielle Vorteile nicht aus. Hatte Nietzsche zu seinen aktiven Zeiten noch gegen den Zeitgeist publiziert – den »Vierten Hauptteil« des Hauptwerks »Also sprach Zarathustra« ließ er 1885 in gerade einmal 40 Exemplaren drucken! –, so stieg das Interesse nach seinem Tod sprunghaft an. Nietzsches Gedankenwelt kam einer intellektuellen Gesellschaft entgegen, die zwischen Fin-de-Siècle und Kriegsbegeisterung, Libertinage und Nationaldenken hin- und hergerissen war.

Elisabeth Förster-Nietzsche erwarb die »Villa Silberblick« 1902 und beauftragte den bedeutenden Jugendstilarchitekten und Designer Henry van de Velde (1863–1957) mit der Umgestaltung. Das Andenken an den großen Bruder sollte nun in einem zeitgemäßen wie repräsentativen Rahmen stattfinden, die Modernität und Absolutheit von Nietzsches Denken einen Widerhall in einem gleichwertigen Ambiente finden. Man kann nun über die schwesterlichen Fälschungen der Nietzsche-Briefe, ihre fragwürdige Kompilation später Aufzeichnungen zum berüchtigten angeblichen Hauptwerk »Der Wille zur Macht« denken und schreiben, was man will: Bei der Wahl des Architekten hatte sie eine vorausschauende wie glückliche Hand.

Van de Velde legte vor der Villa einen repräsentativen doppelgeschossigen Vorbau als Eingang mit darüberliegender Loggia an und gestaltete die Archivräume des Erdgeschosses komplett neu. Seit den Restaurierungen 1990, bei denen Stoffe der Möbel wie auch der originale Teppichboden nachgewebt und diverse Details fachgerecht erneuert wurden, strahlen die Innenräume wieder in voller Eleganz: Nach einem geräumigen Entree betritt der Besucher den Mittelsaal, den ursprünglichen Arbeits- und Lesesaal des Archivs, an den sich rechts und links Arbeitszimmer sowie

Speisesaal anschließen. Der Mittelraum ist ein Gesamtkunstwerk des Jugendstils. Die Möbel wurden nach Entwürfen des Architekten von der Weimarer Möbelmanufaktur Scheidemantel aus Buchenholz hergestellt, die Stühle mit dezenten erdbeerroten Stoffen bezogen, die gut mit dem graublauen Teppich harmonieren. Die Stützen der Regalwände setzen sich in der Schwingung der Hohlkehle zur Raumdecke fort, wodurch ein wohnlicher, fast intimer Gesamteindruck entsteht. Man muss sich den Studiensaal ursprünglich stärker dekoriert vorstellen: Elisabeth Förster-Nietzsche hatte allerlei Devotionalien aufgestellt und in den Regalen verteilt. An den Nietzsche-Kult erinnern allerdings noch die schöne Marmorherme des Denkers, die der bedeutende Leipziger Bildhauer Max Klinger für diesen Platz schuf, sowie der prächtige Kamin mit seiner ornamentalen Bronzeverkleidung in schönsten Jugendstilornamenten. Darüber prangt ein »N« an der Wand – das hatte sich bis dahin nur Napoleon Bonaparte so prominent in seinen Schlössern geleistet!

VORHERIGE DOPPELSEITE, RECHTS
Blick auf die »Villa Silberblick«, die Henry van de Velde für die neue Nutzung ab 1902 umbaute. Er belebte das Äußere der typischen Weimarer Gründerzeitvilla mit einigen Jugendstilelementen.

Die Anna-Amalia-Bibliothek

Die Bibliothek Nietzsches sowie der Nachlass seiner Schwester und einiger Mitarbeiter werden heute in der Anna-Amalia-Bibliothek aufbewahrt, die durch den katastrophalen Brand 2004 in die Schlagzeilen der Weltpresse geriet. Über 50 000 Bücher und Noten, darunter viele Handschriften und Unikate, gingen in den Flammen unter. Jetzt ist der herrliche doppelgeschossige Prunksaal von 1761–66 wieder restauriert, dazu schafft der angrenzende Neubau Entlastung. Die Sammlung ist noch immer gewaltig; vor allem die mittelalterlichen Handschriften, die Bestände der Goethezeit, die weltweit größte »Faust«-Bibliothek und auch die Nietzscheana waren nicht betroffen, auch weil wegen des baldigen Umzugs in den neuen Trakt nebenan viele Preziosen zum Zeitpunkt des Brandes ausgelagert waren.

Erinnerung an den großen Sohn der Stadt

DAS BACHHAUS IN EISENACH

KERN DES BACHHAUSES

15. JAHRHUNDERT

ERWORBEN VON DER NEUEN BACHGESELLSCHAFT

1906

ERÖFFNUNG ALS MUSEUM

1907

NEUERÖFFNUNG NACH KRIEGSSCHÄDEN

1947

ERRICHTUNG DES NEUEN ANBAUS UND SANIERUNG DES KERNGEBÄUDES

2003–07

ARCHITEKT

BERTHOLD A. PENKHUES

Johann Sebastian Bach (1685–1750) ist unbestreitbar einer der größten deutschen Komponisten, in seiner epochalen Bedeutung für die Geschichte der Musik nur Mozart, Beethoven, Schubert oder Wagner vergleichbar. Dabei steht die zu Lebzeiten eher regionale Bekanntheit, die kaum über den Kollegenkreis hinausreichte – ganz im Gegensatz zum erfolgreicheren Händel! –, im diametralen Gegensatz zum Nachruhm. Obgleich insbesondere die Werke für Orgel und Tasteninstrumente nie ganz in Vergessenheit gerieten und auch nach 1750 als Paradestücke der mittlerweile antiquierten, aber meisterlich gehandhabten Kunst des Kontrapunkts geschätzt wurden, weitete sich der Blick auf Bach erst mit der Wiederentdeckung der Vokalmusik im 19. Jahrhundert. Der Beginn der Bach-Renaissance ist exakt mit dem Jahr 1829 anzusetzen, als Felix Mendelssohn Bartholdy die »Matthäus-Passion« aufführte. Erst in der Folge dieses Ereignisses fanden die Werke Bachs Eingang in die Konzertsäle und Kirchen, in Unterricht und Lehre. Bach galt in der Rückschau nun als ein Genie von europäischem Rang. Noch die Komponisten der Moderne beriefen sich auf ihn, weil er das tonale System erstmals systematisch, ja experimentell ausgelotet hatte oder, wie Arnold Schönberg es 1950 mit einem Augenzwinkern ausdrückte: »Ich pflegte zu sagen: Bach ist der erste Komponist mit zwölf Tönen.«

EINGANGSDOPPELSEITE, LINKS, GEGENÜBER UND NÄCHSTE DOPPELSEITE, LINKS Die Dokumentation zu Leben und Werk Johann Sebastian Bachs ist heute in dem modernen Anbau konzentriert. Das barocke Bachhaus macht aus der Not eine Tugend: Auch wenn Bach hier niemals gewohnt hat, richteten die Kuratoren die Räume liebevoll im Stil des ausgehenden 17. Jahrhunderts ein. So finden sich nur wenige Gedenkstücke an die Familie Bach in der Ausstellung, und doch erhält der Besucher einen lebendigen Eindruck deutscher Wohnkultur der Zeit.

Johann Sebastian Bach wurde in eine Musikerfamilie hineingeboren, die seit dem Stammvater Veit Bach (1550–1619) über Generationen hinweg eine herausragende Rolle im Musikleben am Thüringer Wald gespielt hatte. Der 1754 als Nachruf auf Bach geschriebene Text beginnt deshalb treffend mit den Worten: »J. S. Bach gehöret zu einem Geschlechte, welchem Liebe und Geschicklichkeit zur Musick, gleichsam als ein allgemeines Geschenck, für alle seine Mitglieder, von der Natur mitgetheilet zu seyn scheinen.«

Der Vater Johann Ambrosius Bach (1645–1695) hatte zur Zeit von Bachs Geburt die Leitung der Stadtmusik in Eisenach inne. Es ist davon auszugehen, dass bereits der Knabe vom Vater erste Einweisung ins Violinspiel erhielt. Um die Bedeutung der Bach-Familie für die Stadt unter der Wartburg zu illustrieren: Die Organistenstelle der Georgenkirche wurde 132 Jahre lang von Mitgliedern der Familie bekleidet. Noch vor Ablauf seines zehnten Lebensjahres hatte Johann Sebastian beide Eltern verloren. 1695 kam er deshalb beim älteren Bruder Johann Christoph Bach (1671–1721) unter, der im 15 Kilometer entfernten Ohrdruf Organist war. Hier erhielt Johann Sebastian eine gründliche Ausbildung im Klavier- und Orgelspiel. Erste Kompositionen entstanden. Nach 1700 drückte Bach die Schulbank in Lüneburg und nahm dort Einsicht in viele Notendrucke, die in der Kantorei von St. Michaelis verfügbar waren. Bach konzentrierte sich auf seine Ausbildung als Sänger, vor allem aber als Organist und erhielt 1703 eine Anstellung im thüringischen Arnstadt als Organist der Bonifatiuskirche. Von dort nahm eine Folge von Anstellungsverhältnissen ihren Ausgang, die ihn über Mühlhausen, Weimar, Köthen schließlich nach Leipzig führte. Nach Eisenach kam er wohl nie wieder zurück.

Die Gründungsgeschichte des Bachhauses als Gedenkstätte und Museum begann mit einem Verlust: 1902 wurde in Leipzig die Thomasschule abgerissen. Damit waren der bedeutendste Wirkungsort und die Leipziger Wohnung Bachs verloren gegangen. Die Neue Bachgesellschaft sah sich in Eisenach um und fand ein hübsches mittelalterliches, im Barock umgebautes Haus am Frauenplan, das der geeignete Platz schien, Bach zu ehren. Nach 1938 wurde das ursprünglich vor der Georgenkirche aufgestellte Bach-Denkmal aus dem Jahr 1884 vor dem »Bachhaus« aufgestellt – ein Kuriosum

Sebastian Bach
1685
geboren
21

insofern, weil die Familie Bach hier mit Sicherheit nie gewohnt hat. Das sollte man der Ehrlichkeit halber vor einem Besuch wissen; ein Blick ins Geburtszimmer darf also nicht erwartet werden. Die Museumskuratoren machten aus der Not eine Tugend und konzentrierten sich im alten Haus auf zwei Dinge: Zum einen trugen sie Haushalts- und Einrichtungsgegenstände der Bachzeit zusammen, um das Wohn- und Lebensgefühl in einem Musikerhaushalt um 1700 zu vermitteln. Und das ist mehr als schön gelungen! Zum anderen sammelten sie früh ausgezeichnete Musikinstrumente der Barockzeit, darunter Tasteninstrumente des berühmten Instrumentenbauers Silbermann. Über 150 Instrumente der Sammlung Obrist ergänzten den stattlichen Gesamtbestand auf über 400 historische Stücke, die im Rahmen von Konzerten auch zu hören sind. Um das Jahr 2000 war das historische Kernhaus bei weitem zu klein geworden, um alle Schätze zeigen zu können, und man beschloss einen modernen Anbau, auch um die Stiche, Gemälde, Autografen und Dokumente der Bach-Familie angemessen

präsentieren zu können. Dem Kasseler Architekten Penkhues gelang ein großer Wurf: Der Neubau kontrastiert glücklich mit dem Bachhaus nebenan, ohne dieses zu dominieren. Geschlossene, mit Muschelkalk verkleidete, wie Prismen gegeneinander gekantete Wandstücke und transparente Durchgänge sowie Fensterbänder schaffen einen schönen Kontrast von Alt und Neu. Der Frauenplan ist über eine Freitreppe und Rampen ebenso wie der hübsche Barockgarten des Hauses in die Konzeption eingebunden, und auch innen funktioniert der Neubau prima. Mit der Wiedereröffnung des alten Bachhauses im Zusammenspiel mit dem neuen Trakt sind endlich die Voraussetzungen geschaffen worden, den Besuchern aus aller Welt Leben und Werk Bachs in einem angemessenen Ambiente präsentieren zu können. Wo genau der Komponist das Licht der Welt erblickte, wird dabei zweitrangig – in der unmittelbaren Nachbarschaft stand das Urhaus der Familie allemal!

Der Organist Bach in Arnstadt

Südlich von Erfurt erklingt in Arnstadt in der seit 1935 so genannten Johann-Sebastian-Bach-Kirche, ehemals St. Bonifatius, immer noch die Orgel, die Johann Friedrich Wender baute. Bach spielte auf ihr bis 1707 und komponierte in der prägenden Arnstädter Zeit bereits bedeutende Werke für Orgel wie auch Kantaten. Im Arnstädter Schlossmuseum illustriert eine instruktive, modern gestaltete Bach-Ausstellung Bachs Rolle für das Musikleben der hübschen thüringischen Kleinstadt.

Italienische Pracht und der Wald der Götter

DAS OPERNHAUS IN BAYREUTH UND DAS RUINENTHEATER VON SANSPAREIL

MARKGRÄFLICHES OPERNHAUS

AUFTRAGGEBERIN

MARKGRÄFIN WILHELMINE VON BAYREUTH

ARCHITEKT

JOSEPH SAINT-PIERRE

INNENRAUMGESTALTUNG

GUISEPPE GALLI-BIBIENA

EINWEIHUNG

SEPTEMBER 1748

RUINENTHEATER SANSPAREIL

BAUZEIT

1745–48

Die älteste Tochter des Preußenkönigs Friedrich Wilhelm I. hatte sich ihr Leben gewiss glamouröser vorgestellt. Lange Zeit hatte ihre Mutter eine standesgemäße Verbindung mit dem englischen Königshaus angestrebt, aber schließlich wurde Wilhelmine nach Bayreuth verheiratet, wo sie 1731 als Erbprinzessin ankam und ab 1735 als Markgräfin von Brandenburg-Bayreuth Hof hielt. Die oberfränkische Hofhaltung befand sich bei ihrer Ankunft in beklagenswertem Zustand, das Schloss war im Vergleich zu Berlin oder Potsdam verwahrlost, die Hofbeamten an Provinzialität kaum zu übertreffen. Wilhelmine suchte sich beherzt ihre Nischen. Sie richtete sich mit neuen Residenzen und Gärten ihr eigenes Reich ein. Mit dem Bruder Friedrich dem Großen stand sie deshalb in regem Briefkontakt. Zugleich wandte sie sich verstärkt der Poesie und Musik zu. Wenn man ihr Cembalokonzert oder die Oper »Agenore« anschaut, findet sie als Komponistin durchaus in der gehobenen Mittelklasse ihrer Zeit einen Platz. Zwar konnte Wilhelmine keinen saisonalen Opernbetrieb etablieren, aber zu respektablen Aufführungen der Opern Hasses oder Vivaldis zu besonderen Gelegenheiten kam es doch. Das italienische Musiktheater war wie das französische Schauspiel die Scheinwelt, in die sich Wilhelmine aus der prosaischen Bayreuther Lebenswelt flüchtete.

SOPHIA

EINGANGSDOPPELSEITE, LINKS, UND VORHERIGE DOPPELSEITE
Das Markgräfliche Opernhaus in Bayreuth ist in Deutschland ein Unikum: Die Markgräfin Wilhelmine wünschte ein italienisches Barocktheater und beauftragte die führenden Gestalter aus der Familie Galli-Bibiena mit dem Innenausbau. Der grandiose, noch vollständig im Zustand von 1748 erhaltene Zuschauerraum unterscheidet sich deshalb grundsätzlich vom deutschen Rokoko. Alles ist hier schwerer, üppiger, prächtiger. Nur für kleinere Aufgaben vertraute die Fürstin einheimischen Künstlern: So bemalte Johann Benjamin Müller die Holzdecke mit einer Darstellung des Gottes Apollo, begleitet von den neun Musen. Das Parkett wurde oft für Ballettaufführungen genutzt oder aber gemeinsam mit der Bühne für prächtige Empfänge und Bälle des Bayreuther Hofes.

Zunächst gab es für die Aufführungen nur provisorische Spielstätten. Aber die Markgräfin hatte Größeres vor: Mit der Errichtung eines wahrhaft hauptstädtischen Opernhauses wollte sie zumindest architektonisch mit Wien oder Berlin gleichziehen. Sie engagierte führende Mitglieder der Familie Galli-Bibiena, um dies zu realisieren. Diese Bologneser Familie hatte im 18. Jahrhundert so etwas wie das Geschmacksmonopol für Operninterieurs und Bühnenbilder. Ganz gleich, ob man ein Theater in Venedig, Mailand, Dresden oder Wien aufsuchte, an dieser Familie kam keiner vorbei. Bühnenbilder des Carlo Galli-Bibiena für Bayreuth haben sich erhalten: Das Markenzeichen war die »scena all'angolo« auf der Bühne. Indem die Galli-Bibiena ein Gebäude übereck in der Mitte der Bühne platzierten, eröffneten sie links und rechts diagonale Raumfluchten, die sich für die häufigen Auf- und Abtritte der barocken Intrigenstücke prächtig eigneten. Wilhelmine gefiel es jedenfalls, den Bayreuthern zu zeigen, dass sie geschmacklich up to date war. Als sie dann den Innenraum des immerhin 70 Meter langen Opernneubaus in der Bayreuther Innenstadt dekorieren ließ, holte Carlo seinen Vater Giuseppe Galli-Bibiena für einige Monate nach Bayreuth. Dieser galt europaweit als der Spezialist für prunkvolle Logentheater. Die Rechnung ging auf. Was wir heute noch als Markgräfliches Opernhaus in Bayreuth bewundern können, ist der mit Abstand schönste, prunkvollste und besterhaltene Theaterraum des Barock in Deutschland.

Hier ist alles stimmig und aus einem Guss: die herrlichen Schnitzereien der Logen, das Deckengemälde mit Apoll und den Musen, die sparsam eingesetzten Skulpturen als Akzente am Bühnenportal und über der Markgrafenloge. Der Überraschungseffekt beim Betreten dieses Traums in Gold und Blau ist umso größer, als der Theaterbau von außen mit seiner geschmackvollen, aber zurückhaltenden Fassade eine solche Pracht nicht vermuten lässt.

Über die Aufführungen sind wir recht gut informiert. Keinesfalls gab sich die Markgräfin mit einer Oper am Abend zufrieden. Meist spielten ihre Schauspieler zunächst ein französisches Sprechstück, um nach der obligatorischen Oper und einem Ballett das Parkett mit der Bühne rasch für ein Diner umzurüsten. Die Oper war eben der zentrale Repräsentationsraum des Hofes. Ein Repertoiretheater für ein breiteres Publikum war die Bayreuther Oper keinesfalls. Ein festes Ensemble gab es nicht; die Sänger und Tänzer wurden für besondere Anlässe engagiert. Außerdem fehlte in dem Provinzstädtchen schlicht das Publikum, das in den privatwirtschaftlich geführten Häusern Venedigs oder Londons zur gleichen Zeit allabendlich die Häuser füllte.

War das Bayreuther Opernhaus Ort öffentlicher Auftritte, suchte Wilhelmine in ihren Gärten die Privatheit in Gesellschaft von Gleichgesinnten, die ihre Leidenschaft für Literatur und Musik teilten. Dafür gestaltete sie sich persönliche Rückzugsorte, am eigenartigsten im Felsengarten von Sanspareil, der auf der Höhe der Fränkischen Schweiz gelegen ist. 1749 schrieb Wilhelmine:

»Ein kleiner Abstecher nach Sanspareil hat mich am Schreiben gehindert. Die Lage des Ortes, an dem wir waren, ist einzig. Die Natur selbst war

VORHERIGE DOPPELSEITE, RECHTS
Ein kleines Blumenparterre funktioniert als vergleichsweise konventionelles Entree für den Felsengarten von Sanspareil. Im Morgenländischen Bau dahinter konnte die Markgräfin mit ihren Begleitern speisen oder auch einmal recht schlicht übernachten. Die rauen Steinmauern des Gebäudes bereiten auf die naturbelassenen Kulissen des Parks selbst vor.

die Baumeisterin. Die dort aufgeführten Gebäude sind von sonderbarem Geschmack. Alles ist ländlich und bäuerisch. Wir hatten eine recht gute Gesellschaft, und aller Zwang war verbannt.«

»Sanspareil – Ohnegleichen« erinnert an »Sanssouci – Ohne Sorgen«, wie ihr Bruder Friedrich II. sein Potsdamer Schloss genannt hatte. Wilhelmine war bei der Anlage ihres Felsengartens durch die Lektüre des sentimentalen französischen Romans von Fénelon, »Die Abenteuer des Telemach«, angeregt worden. Die romantische Weltsicht und Gefühlswelt, die in Sanspareil in jedem Detail präsent ist, wurde in Deutschland erst 50 Jahre später in Dichtung, Musik und Kunst Allgemeingut. Auf den Plänen sind jede Menge seltsamer Orte eingezeichnet: Mentorsgrotte, Dianengrotte, Vulkanshöhle, Kalypsogrotte, Pansitz. Es handelt sich hier nicht um künstliche Architekturen, sondern um Felsen und Grotten, die allesamt an Szenen aus dem »Telemach« oder an Ovids »Metamorphosen« erinnern. Der heutige Eindruck trügt, waren doch zu Wilhelmines Zeit kleine Staffagebauten zwischen oder auf die Felsen gebaut, die im 19. Jahrhundert zerstört wurden.

Spätestens bei der letzten und größten Felsengruppe entfaltet der Garten seinen Zauber vollends: Hinter einem Felsbogen, unter dem das Publikum Platz nahm, öffnet sich der überraschende Blick auf den ruinenhaften Theaterprospekt des wohl schönsten Naturtheaters in Deutschland. Sicherlich ließ Wilhelmine hier tatsächlich Theater spielen, vielleicht brachte sie sogar kleine Barockopern oder Singspiele zur Aufführung. Zuzutrauen wäre ihr dies. Ihr Mann hielt das alles für unnötige Geldverschwendung und vergnügte sich lieber mit seiner Mätresse.

GEGENÜBER Das Ruinentheater von Sanspareil ist gewiss der Höhepunkt eines Parkspaziergangs. Das Publikum nahm in einer Höhlennische vor der Bühne Platz; die Kulissen wurden aus Steinbrocken hintereinander aufgemauert. Dies ergibt nicht nur eine überraschende Perspektive und täuscht größere Dimensionen vor, sondern ermöglichte den Schauspielern und Sängern auch überraschende Auftritte und Abgänge.

Mit Jean Paul zur Eremitage

Auch an ihrem Lieblingsort, der Eremitage, verzichtete die Markgräfin Wilhelmine nicht auf ein Ruinentheater. Etwas abseits der Alten Eremitage, die sie als Wohnort fantasievoll in dem ihr eigenen Rokokostil neu einrichten ließ, erinnern die aus Bruchstein errichteten Kulissen an das Theater in Sanspareil. Natur und Kunst gehen auch an diesem Ort eine Symbiose ein. Eine Inschrift besagt, dass Wilhelmine das 1743–45 gebaute Theater ihrer vertrautesten Freundin am Hofe, Albertine von Marwitz, widmete.

Auf dem Weg zur Eremitage führt die Straße an der Rollwenzelei vorbei. Der Dichter und Romancier Jean Paul verbrachte hier von 1805 bis zu seinem Tod 1825 fast täglich Zeit, um in einem kleinen Raum zu arbeiten, den ihm die Wirtsleute Friedrich und Anna Dorothea Rollwenzel zur Verfügung gestellt hatten. Heute ist er als »Jean-Paul-Stübchen« hergerichtet, inklusive des originalen Mobiliars und der Gästebücher – einer der anrührenden Dichterorte Deutschlands.

WAHNFRIED
LUDWIG II

Hier wo sein Wähnen Frieden fand

DAS RICHARD-WAGNER-FESTSPIELHAUS UND HAUS WAHNFRIED IN BAYREUTH

FESTSPIELHAUS
1872–75
NACH PLÄNEN VON OTTO BRÜCKWALD UND RICHARD WAGNER
ERSTE FESTSPIELE
SOMMER 1876
KÖNIGSBAU ANGEFÜGT
1882
HAUS WAHNFRIED
1873/74
ARCHITEKT
CARL WÖLFEL NACH IDEEN WAGNERS
TEILREKONSTRUKTION NACH KRIEGSZERSTÖRUNGEN
1975/76
UMFASSENDE NEUGESTALTUNG
BIS 2013

Letztlich war Wilhelmine von Bayreuth schuld daran, dass Richard Wagner (1813–1883) seine Festspielidee an diesem im 19. Jahrhundert abseitigen Ort verwirklichte. Cosima Wagner (1837–1930) notierte 1870, dass Richard aus einem Konversationslexikon vom barocken Markgräflichen Opernhaus erfuhr. Wagner suchte zu diesem Zeitpunkt intensiv nach einem günstigen Ort für Festspiele seiner Werke. Seine Erfahrungen mit teils miserablen, teils stark gekürzten Inszenierungen der eigenen Werke an verschiedenen Orten befeuerten die Idee von Aufführungszyklen, bei denen er selbst die Leitung und damit die komplette Verantwortung für Musik wie szenische Darbietung übernehmen wollte. Insbesondere die Sonderwünsche König Ludwigs II. von Bayern, dem Wagner über viele Jahre vertraglich verbunden war, hatten ihm gezeigt, wie rasch die Oberhoheit über gedruckte und damit öffentlich verfügbare Werke verloren ging. Hinzu kamen persönliche Lebensumstände: Nach Jahren des Exils in der Schweiz war es ein Wunsch der Familie Wagner, endgültig sesshaft zu werden. Ein Ort im Königreich Bayern schien dafür angemessen, war Wagner doch Ludwig II. für die jahrelange finanzielle Unterstützung zu Dank verpflichtet.

Am 17. April 1870 reiste Wagner nach Bayreuth, um den Ort auf seine Tauglichkeit hin zu überprüfen. Allerdings musste er rasch erkennen: Das

EINGANGSDOPPELSEITE, LINKS
Blick auf die Eingangsseite von Haus Wahnfried, das sich Wagner 1873/74 als Familienwohnsitz wie Künstlerresidenz am Rande des Bayreuther Schlossparks errichten ließ. »Hier wo mein Wähnen Frieden fand – Wahnfried – sei dieses Haus von mir benannt« ließ Wagner als Schriftzug an der Fassade anbringen.

alte Opernhaus der Markgräfin Wilhelmine eignete sich bei all seiner Schönheit überhaupt nicht für seine Pläne. Wagner realisierte sofort, dass nur ein eigenes, neues Haus diesen entsprechen könnte. Bayreuth favorisierte er, weil die Kommunalpolitiker ihm von Beginn an positiv begegneten und – gemessen an bisherigen Lebenserfahrungen – nur wenige Steine in den Weg legten. Das Problem war die Finanzierung des Projekts, die Wagner mit einem ausgeklügelten Subskriptionspaket zu bewältigen hoffte; heute würden wir von einer Mischfinanzierung sprechen.

Im November 1871 begründete Wagner gegenüber dem Bayreuther Gemeinderatsvorsitzenden nochmals die Wahl: »Der Ort sollt keine Hauptstadt mit stehendem Theater, auch keiner der frequentesten großen Badeörter sein, welche gerade im Sommer mir ein durchaus ungeeignetes

Publikum zuführen würden; er sollte dem Mittelpunkte Deutschlands zu gelegen und ein bayerischer Ort sein, da ich zugleich an eine dauernde Übersiedlung für mich dabei denke und diese im Fortgenuß der vom Könige von Bayern mir erwiesenen Wohltaten nur in Bayern zu treffen für schicklich finden muß.«

Über ein Grundstück für das Festspielhaus auf dem »Grünen Hügel« und ein Grundstück für Wagners Privatvilla, direkt am Schlosspark gelegen, wurde man sich schnell handelseinig. Die vielen Rückschläge und kleineren Katastrophen ändern nichts an der Tatsache, dass die Zeitspanne von der Ortswahl bis zur ersten Aufführungsserie ausgesprochen kurz war. Von 1872–75 baute Wagner seine eigene Villa, und parallel dazu bewältigten die vielen Helfer den Bau des Festspielhauses. Friedrich Nietzsche, der Ur-Wagnerianer schlechthin, sah das alles mit Skepsis und begann über den »viergetürmten Nibelungen-Riesenbau« des Theaters zu spotten. Tatsächlich ist das Festspielhaus ein Modell für den Ausgleich ökonomischer Interessen

GEGENÜBER UND UNTEN Der Salon im Erdgeschoss war das Empfangszimmer für die Gäste in Haus Wahnfried. Hier trug Wagner Kompositionen am Klavier vor, hier versammelten sich Freunde und Bewunderer, um den Meister seine Werke erklären und rezitieren zu hören. Heute wird der Raum für Vorträge und kleinere Konzerte genutzt.

und gewünschter Wirkung. Allein der Verzicht auf prächtige Treppenhäuser und Foyerräume war revolutionär. Die Idee, ein riesiges Parkett einzurichten, das die Besucher wie in einem antiken Amphitheater gleichstellte, spiegelt die hellenisch-demokratischen Ideale Wagners. Der Dekor im Inneren war vergleichsweise zurückhaltend, die Gaslampen entsprachen eher einem großen Kaffeehaus oder Tanzlokal der wilhelminischen Zeit. Wagner konzentrierte sich ganz auf den musikalischen Klang und die Bühne und richtete erstmals ein verdecktes Orchester ein. Nur der Dirigent konnte die Bühne sehen. Die in den Tiefen bis unter die Bühne platzierten Musiker sehen das Geschehen auf der Bühne nicht und bleiben auch für das Publikum unsichtbar. Bis heute ist das Bayreuther Festspielorchester bekanntermaßen das einzige der Welt, das so ohne Kleiderzwang seiner Arbeit nachgehen kann. Wagner arbeitete mit akustischen Beratern lange an dem gewünschten Mischklang, der dadurch entsteht, dass über einen Schalldeckel die Musik zunächst Richtung Bühne gelenkt wird und sich dann erst, mit den Stimmen der Sänger vermischt, in Richtung Auditorium ausbreitet. Zu den eigentümlichen und faszinierenden Bayreuth-Erlebnissen gehört das Erstaunen darüber, dass selbst der wuchtigste Orchesterklang hier eine kammermusikalische Wirkung entfaltet. Als Kaiser Wilhelm I. am 12. August 1876 mit dem Sonderzug in Bayreuth eintraf, um der ersten Aufführung des »Rings« beizuwohnen, bemerkte er sehr treffend: »Ich habe nicht geglaubt, dass Sie es zustande bringen würden.«

Neben dem Festspielhaus ist Wagners Villa, »Haus Wahnfried«, heute zentraler Ort des Wagner-Andenkens und der Forschung. Der Bau ist nicht über die Maßen prunkvoll geworden, das offizielle Leben mit den vielen Gästen spielte sich im Hochparterre zwischen der doppelgeschossig angelegten repräsentativen Eingangshalle und dem Musikzimmer ab. Wagners Sinn für das Praktische zeigte sich an der ungewöhnlichen Einziehung eines Mezzaningeschosses, in dem die Ankleideräume und Bäder untergebracht waren. Im Obergeschoss lagen die Privaträume der Familie und die Kinderzimmer. Die Einrichtung ist durch Kriegszerstörungen so gut wie vernichtet, die Raumfolgen vermitteln allerdings noch einen guten Eindruck von der pragmatischen, funktionalen Organisation des großbürgerlichen Hauses Wagner.

Viel interessanter sind die umfangreichen Sammelstücke zu Richard und Cosima Wagner, der Familie im 20. Jahrhundert wie zur Geschichte der Bayreuther Festspiele. Kurioses gibt es genauso zu sehen wie eine umfangreiche Dokumentation zur Geschichte der Festspiele. Für jeden Freund der Musikdramen Wagners sind vor allem die Bühnenbildmodelle von großem Reiz, die lückenlos von 1876 bis heute gesammelt sind und einen faszinierenden Einblick in die Aufführungsgeschichte der »Werkstatt Bayreuth« (Nietzsche) ermöglichen. Im kleinen Park neben dem Haus wurden Richard, sehr viel später Cosima Wagner begraben. Auch Wagners geliebte Hunde liegen dort unter der Bayreuther Erde.

Schwiegervater Liszt in Bayreuth

Franz Liszts Verhältnis zu Wagner war einige Jahre gestört, weil seine Tochter Cosima zwar seit 1865 mit Wagner liiert war, von diesem 1865 auch die Tochter Isolde erwartete, aber bis 1870 immer noch eine verheiratete von Bülow war. Das Verhältnis entspannte sich mit dem Umzug nach Bayreuth, und Liszt stand bei dem Festspielprojekt immer beratend zur Seite. 1886 starb er während der Festspiele und wurde dem Testament entsprechend auf dem Bayreuther Stadtfriedhof bestattet. Seine Villa in der Nähe von Haus Wahnfried ist seit 1993 als Museum eingerichtet. Die von der Stadt Bayreuth angekaufte umfangreiche Liszt-Sammlung des Pianisten Ernst Burger legte den Grundstock der umfangreichen Präsentation von Liszts gesamtem Leben und Werk.

30
ZONE
Antiquitäten
26
24

Poetenstübchen und Zaubergarten

DAS E.T.A. HOFFMANN-HAUS IN BAMBERG

AUFENTHALT HOFFMANNS IN BAMBERG
1808–13
ALS MIETER IM JETZIGEN E.T.A. HOFFMANN-HAUS
AB 1809
EINRICHTUNG ALS MUSEUM
1930
NEUGESTALTUNG DURCH DEN BÜHNENBILDNER WOLFGANG CLAUSNITZER
1999–2003

Der in Königsberg geborene Dichter, Musiker, Zeichner und Journalist E.T.A. Hoffmann (1776–1822) zählt zu den schillerndsten Persönlichkeiten der deutschen Romantik. Kaum ein anderer hat die Gemüter so bewegt und die unterschiedlichsten Reaktionen hervorgerufen. Zu Lebzeiten verschlang das breite Publikum seine fantastischen Novellen und Kunstmärchen, während sich das literarische Establishment auffallend zurückhielt. Seinen Dichterkollegen war der Mann suspekt, der tagsüber als Jurist und preußischer Beamter der gehobenen Laufbahn einen honorigen Job solide ausübte, nachts und am Wochenende hingegen in besessener Kreativität Noten- und Schreibpapier mit spektakulären Geschichten und respektablen Kompositionen füllte. Den Komponisten der Romantik bot Hoffmanns Werk hingegen jede Menge Anregungen. Er lieferte ihnen Stoffe, aus denen Träume und Albträume zu gestalten waren. Robert Schumann machte den Beginn mit seinen frühen Klavierwerken, kulminierend in den »Kreisleriana« 1838, Brahms nahm mehrfach auf Hoffmanns Kunstfigur Kreisler Bezug, Tschaikowski gestaltete nach dem Märchen vom »Nussknacker und Mäusekönig« sein großes Ballett, Léo Delibes sein abendfüllendes Tanzstück »Coppélia«, und »Les Contes d'Hoffmann – Hoffmanns Erzählungen«, die einzige große Oper des Jacques Offenbach von 1881, hat

EINGANGSDOPPELSEITE, LINKS
Bescheiden war die Wohnung, in der E.T.A. Hoffmann sein Dichterdasein in Bamberg fristete. Das schmale, mit einer Gedenkplakette markierte Gebäude gehört zu den ärmlichen Häusern der Bamberger Altstadt. Zudem bewohnte der Künstler und Komponist, der mit so vielen Erwartungen nach Bamberg gezogen war, auch nur die oberen Stockwerke zur Miete. Die Dachstube wurde in den ursprünglichen Zustand versetzt, ansonsten widmet sich ein modern gestaltetes Museum dem genialen Bewohner, der hier nicht glücklich werden sollte.

unser Bild vom historischen Hoffmann bis heute bestimmt und die Fakten überlagert. Alle Interpreten waren fasziniert von der schizoiden Tendenz in Leben wie Werk des Dichters, wo Spießertum und Freigeist, Genialität und Plattitüde, beruflicher Erfolg und Absturz, Realitätssinn und Fantastik immer eng beieinanderlagen, ja als Parallelwelten existierten.

Hoffmann fühlte sich zunächst ganz als Komponist, weswegen er auch den dritten Vornamen Wilhelm aus Verehrung für Mozart 1804 in Amadeus austauschte. Literarische Ambitionen entwickelte er erst später, auch über den Umweg folgenreicher musikalischer Essays, die er ab 1809 für die renommierte Leipziger »Allgemeine musikalische Zeitung« veröffentlichte. Zu dieser Zeit war der preußische Beamte in Warschau wegen des Einmarsches der französischen Truppen bereits arbeitslos, hatte sich 1808 nach Berlin durchgeschlagen, konnte dort aber nicht Fuß fassen. An seinen Freund Theodor G. von Hippel schrieb er, um Geld bittend: »Ich arbeite mich müde und matt, setze der Gesundheit zu und erwerbe nichts! Ich mag dir meine Not nicht schildern. Seit fünf Tagen habe ich nichts gegessen als Brot, so war es noch nie.« Insofern kam das Angebot, Musikdirektor in Bamberg zu werden, wie eine Erlösung.

Dort scheiterte er jedoch komplett. Hoffmann war zwar nicht ganz unschuldig am Fiasko, wurde vom Orchester und den Sängern allerdings regelrecht vorgeführt. Nichts klappte, und bereits nach zwei Monaten war das Ende der Kapellmeisterkarriere erreicht. Man muss sich vorstellen, wie Hoffmann anschließend im kleinstädtischen Bamberger Milieu weiterlebte und es immerhin bis 1813 aushielt. Am Theater, an dem er so jämmerlich gescheitert war, musste er Gelegenheitsarbeiten annehmen, als Dichter, Komponist, Bühnenmaler und sogar als Kulissenschieber. In der Kneipe »Theaterrose« trank er manchen Schoppen gegen die aufkommende Frustration. Ermutigend war für ihn eigentlich nur die regelmäßige Arbeit als Musikjournalist für Leipzig und – vor allem – die Vorbereitung der Novellen, der »Fantasiestücke in Callots Manier«, die er noch in Bamberg 1814 publizieren ließ. Da war Hoffmann allerdings schon nach Leipzig umgezogen, um nach einem neuerlichen Desaster im Musiktheater schließlich dauerhaft nach Berlin zu wechseln.

Bamberg hat den Dichter und Musiker für sich entdeckt, auch weil in keiner anderen Stadt Gedenkstätten entstanden. Hier ist nicht nur das Stadttheater nach ihm benannt, die E.T.A. Hoffmann-Gesellschaft betreut zudem sein Erbe, wissenschaftlich wie publizistisch. Sie eröffnete die ständige Ausstellung im E.T.A. Hoffmann-Haus. Dies war die zweite Bleibe des gescheiterten Musikus, zwei winzige Stockwerke in einem für Bamberger Verhältnisse schäbigen, schmalen Haus. Eine Statue auf dem Platz davor erinnert an den merkwürdigen Bewohner. Wohnzimmer und Küche im ersten Stock, ein kleines Schlaf- und Arbeitszimmer im Dachgeschoss, das war bereits das gesamte häusliche Umfeld. Weil Sammlungsstücke fehlten – das wichtigste Archiv befindet sich in der Staatsbibliothek in Berlin –, gingen die Gestalter des Museums einen originellen Weg. Sie beauftragten zeitgenössische lokale Künstler mit Rauminstallationen. »Spiegelungen« vermitteln das Zerrbild des Künstlers wie seines Alter Ego, des Kapellmeisters Kreisler, einer schizoiden Kunstfigur Hoffmanns. Dazu erklingen Musikcollagen. Ein »Undine«-Zimmer vermittelt als atmosphärisch dichtes Bühnenbild etwas von der romantischen Zauberoper. Und das mit zeitgenössischen Möbeln eingerichtete Poetenstübchen lässt die drangvolle Enge des Bamberger Dichterlebens wiederauferstehen. Im Hinterhofgarten gestalteten Künstler eine hübsche Hommage an den Dichter Hoffmann mit Interpretationen von Szenen seiner bekanntesten Werke.

Hoffmann in Berlin

In Berlin lebte und wirkte Hoffmann immer wieder: 1798–1800, 1807/08 und ab 1814 bis zum Tod 1822. Das letzte Wohnhaus wurde 1914 abgerissen. Das Schauspielhaus am Gendarmenmarkt im Blick, wo 1816 Hoffmanns Oper »Undine« erfolgreich uraufgeführt wurde, kehrte der Literat immer wieder gerne bei Lutter & Wegner ein. Dort erinnert heute die E.T.A. Hoffmann-Stube an ihn. Begraben wurde Hoffmann außerhalb des Halleschen Tors, auf dem Friedhof Jerusalem und Neue Kirche III. Sein Grabstein trägt die schöne Inschrift: »... ausgezeichnet im Amte, als Dichter, als Tonkünstler, als Maler. Gewidmet von seinen Freunden.«

»Idomeneo« im zauberhaften Rokoko-Ambiente

DAS CUVILLIÉS-THEATER IN MÜNCHEN

BAU DES NEUEN HOFOPERNHAUSES

1751–53

ARCHITEKT

FRANÇOIS CUVILLIÉS

PREMIERE VON W. A. MOZARTS »IDOMENEO«

29. JANUAR 1781

AUSLAGERUNG DER LOGEN

1943/44

EINBAU IN DEN APOTHEKENSTOCK DER RESIDENZ

1956–58

Kein anderer Theaterbau Mitteleuropas vermittelt so eindrücklich den Überschwang des Rokoko wie das Cuvilliés-Theater in München.

Die Rokoko-Mode erreichte Deutschland über Bayern. Die Wittelsbacher hatten im Spanischen Erbfolgekrieg 1701–14 als Allianzpartner Frankreichs gegen die habsburgische Hegemonie gekämpft, um selbst die Kaiserwürde zu erlangen. Französische Kunst und Mode wurden schick an der Isar. Kurfürst Maximilian II. Emanuel schickte auch deshalb seinen Hofzwerg François Cuvilliés (1695–1768), dessen gestalterische Qualitäten er instinktiv erkannt hatte, 1720–24 zur weiteren Ausbildung zum Stararchitekten Jacques-François Blondel nach Paris.

Von dort brachte Cuvilliés die Rocaille, die verdrehte Muschelform, nach Deutschland und veröffentlichte die neuesten Ornamente in Musterbüchern für die gehobenen Stände. Kurfürst Karl Albrecht beauftragte Cuvilliés 1729 nach einem Brand mit der Ausstattung der »Reichen Zimmer« der Münchner Residenz. Das kleine Lustschlösschen Amalienburg im Nymphenburger Park wurde dann Cuvilliés' Meisterwerk (1734–39): Die Rocaille überwuchert hier in asymmetrischen Fantasieformen die Wände und Decken. Spiegel reflektieren das einfallende Licht und schaffen im Ausgleich von Innen und Außen ein Ambiente fröhlich-frivoler Leichtigkeit.

EINGANGSDOPPELSEITE, LINKS, UND VORHERIGE DOPPELSEITE Das Münchner Cuvilliés-Theater ist nur als Gegensatz zum Bayreuther Markgräflichen Opernhaus zu begreifen, obwohl beide fast zeitgleich entstanden sind: hier ein luftiges Rokoko, dort ein pathetischer Barock. Im Bayreuther Theater kann man sich sehr gut eine Oper Händels vorstellen; hier in München beginnt eine neue Zeitrechnung – auch in der Musik. Es ist ein Haus für die leichten Singspiele des ausgehenden 18. Jahrhunderts, ein idealer Ort für die Opern W.A. Mozarts oder Haydns.

1750 sicherte sich Max III. Joseph erneut die Expertise des Stararchitekten und beauftragte ihn mit dem Bau eines »Neuen Opera Hauß«, das, aus Brandschutzgründen in einem Seitenflügel des Münchner Residenzschlosses, in Rekordzeit gebaut und dekoriert wurde. Auch hier sparte man nicht: Mit Johann Baptist Straub für die Figuren, mit Zimmermann als Deckenmaler sowie Kistlern und Holzschnitzern von Rang arbeitete ein exzellentes Ausstatterteam zusammen. Bau und Dekoration dieses üppigsten Logentheaters des Rokoko mit immerhin vier Rängen entstanden in nur drei Jahren. Fast genauso lang dauerte es, die glücklicherweise im Krieg ausgelagerten Schnitzereien und Logeneinfassungen nach 1945 wieder zusammenzubauen und zu ergänzen. Dies geschah an einem anderen Ort innerhalb des Residenzschlosses; am ursprünglichen Platz entstand mit dem Neuen Residenztheater 1948–51 ein Sprechtheater in den Ruinen. Einige Teile mussten selbstverständlich ergänzt werden, auch auf das bereits im 19. Jahrhundert demolierte Deckenfresko Zimmermanns verzichteten die Denkmalpfleger – eine in abstrakten Formen gehaltene und farbig geschickt marmorierte Decke sorgt für dezente Farbigkeit von oben. Die Ränge haben hübsche Schnitzereien. Unten räkeln sich laszive Halbfiguren zwischen den Logen, die weiter oben durch dekorative Palmenstämme ersetzt sind. Dieser Rokokotraum in Weiß, Gold und Rot kulminiert in der Kurfürstenloge. Understatement war im Cuvilliés-Theater sicherlich nicht die maßgebliche Vorgabe, aber verglichen etwa mit dem pompösen Barock des Markgräflichen Opernhauses in Bayreuth dominiert eine höfische Eleganz.

Und in der Tat wurde hier eine der großartigsten Opern Mozarts uraufgeführt: Kurfürst Carl Theodor, der 1777 nach Aussterben der Wittelsbacher Stammlinie von Mannheim samt seinem superben Hoforchester an die Isar übersiedelte, gab den Auftrag für »Idomeneo« nach Salzburg. Mozart war Feuer und Flamme, konnte er doch endlich einmal für ein erstklassiges Orchester komponieren. Heute gilt das Werk als Mozarts komplexeste Partitur, was den Vater Leopold reichlich nervös machte. Er fürchtete, sein genialer Sohn könne die Münchner Hofgesellschaft schlichtweg überfordern. Mozart legte sich auch deshalb ins Zeug, weil er liebend gerne eine Anstellung am Münchner Hof angenommen hätte. Insofern war ihm die Meinung des Kurfürsten besonders wichtig, und er schrieb von der ersten Orchesterprobe am 27. Dezember 1780 enthusiastisch an den Vater:

»Nach dem ersten Ackte sagte mir der Kurfürst überlaut Bravo. Und als ich hingieng ihm die Hand zu küssen, sagte er: Diese opera wird charmante werden; er wird gewiss Ehre davon haben [...] und sagte lachend; – man sollte nicht meynen, dass in einem so kleinen Kopf so was großes stecke.«

Leider äußerte sich Mozart zur Premiere dann nicht mehr. Eine Zeitungsmeldung spricht aber Bände:

»Am 29ten des abgewichenen Monats ist in dem hiesigen Opernhause die Oper Idomeneo zum erstenmal aufgeführet worden. Verfassung, Musik und Übersetzung – sind Geburten von Salzburg. Die Verzierungen, worunter sich die Aussicht in den Seehafen und Neptuns Tempel vorzüglich ausnehmen, waren Meisterstücke unseres hiesigen berühmten Theaterarchitekten Hrn. Hofkammerraths Lorenz Quaglio, welche jedermanns Bewunderung auf sich gezogen haben.«

Mozarts Musik als »Geburt von Salzburg«, sprich: als ein mühsames Machwerk aus der Provinz, abgebürstet, einzig die Bühnenbilder Quaglios in den höchsten Tönen gelobt – schlimmer hätte es für den Komponisten nicht kommen können! Auf einen weiteren Auftrag aus München wartete Mozart vergebens.

Große Oper an der Isar

Heute wird das Cuvilliés-Theater gerne für Aufführungen intimerer Werke des 18. und frühen 19. Jahrhunderts genutzt. Die »große« Oper findet im Nationaltheater statt, das ebenfalls von der Bayerischen Staatsoper bespielt wird. Der 1811–18 von Karl von Fischer errichtete, unter Leo von Klenze 1823–25 veränderte riesige Baukörper brannte 1944 fast vollständig aus. 1956–63 erfolgte eine vereinfachte Wiederherstellung, die als denkmalpflegerische Leistung Hochachtung verdient. Die klassizistischen Foyers laden zu stilvollem Wandeln ein, der Zuschauerraum ist als Rangtheater mit Königsloge immer noch der größte aller deutschen Opernhäuser.

Das Prinzregententheater, 1900/01 von Max Littmann erbaut, ist vielleicht Münchens schönstes Theater. Es wirkt wie eine Kombination aus Wiener Burg und Bayreuther Festspielhaus, neu erfunden aus dem Geist des frühen Jugendstils. Erst 1984–88 erhielt der lange vernachlässigte Bau seinen alten Glanz zurück.

Ein Domizil über dem See mit Alpenblick

ANNETTE VON DROSTE-HÜLSHOFF IN MEERSBURG

BAU DES ALTEN SCHLOSSES

AB 1334

ERWORBEN VON J. VON LASSBERG

1838

WOHNORT DER ANNETTE VON DROSTE-HÜLSHOFF

1841–48

FÜRSTENHÄUSLE IM KERN ERBAUT

AB 1604

ERWORBEN VON ANNETTE VON DROSTE-HÜLSHOFF

1843

Das Alte Schloss von Meersburg ist ein merkwürdiger Ort. Für Familien mit Kindern offeriert die alte Burg der Konstanzer Fürstbischöfe Mittelalter zum Anfassen: historische Küchen und Stuben, verwinkelte Treppenaufgänge, einen spätgotischen Fürstensaal, eine mit skurrilen Puppen aufgepeppte Badstube und ein tiefes Burgverlies sowie die obligatorische Folterkammer im mächtigen Dagobertsturm. In den verwinkelten, staubigen Räumen wird einem mehr als verständlich, dass sich die Fürstbischöfe im 18. Jahrhundert eine freundlichere Residenz mit Terrassengarten gleich oberhalb der Burg anlegen ließen.

Stutzig macht allein die Porträtbüste der großen deutschen romantischen Dichterin Annette von Droste-Hülshoff (1797–1843), die vor der Zugbrücke aufgestellt ist. Ferdinand von Müller schuf sie 1898. Warum wohnte sie hier, was trieb sie nur in diese dunkle Burg? Die Dichterin gab ihre Antworten selbst in den herrlichen Gedichten, die sie von 1841 bis zu ihrem Tod 1848 schrieb. Der Beginn des berühmten »Mondesaufgang« gibt die Stimmung wieder, die sie im Meersburger Schloss suchte:

EINGANGSDOPPELSEITE, LINKS, UND RECHTS Blick in zwei Räume der Droste-Wohnung im Schloss Meersburg. Im Schlafzimmer, das mit den grün gestreiften Tapeten einen freundlichen, ja fraulichen Eindruck hinterlässt, verstarb die große Lyrikerin 1843. Das rote Zimmer nebenan wurde in einem der mittelalterlichen Rundtürme der alten Bischofsburg eingerichtet. Es diente der Dichterin als spartanisch eingerichteter Wohnraum. Immerhin gab es einen gusseisernen Wandofen, der im Winter für Wärme sorgte.

»An des Balkones Gitter lehnte ich
Und wartete, du mildes Licht, auf dich.
Hoch über mir, gleich trübem Eiskristalle,
Zerschmolzen schwamm des Firmamentes Halle;

Der See verschimmerte mit leisem Dehnen,
Zerfloßne Perlen oder Wolkentränen? –
Es rieselte, es dämmerte um mich,
Ich wartete, du mildes Licht, auf dich. [...]«

Und in der Tat wandelt sich im Verlauf der Burgbesichtigung die Atmosphäre. Wenn der Besucher die zum See hin offene Terrasse betritt, weitet sich mit einem Schlag der Blick: tief hinab auf die alten Häuser der Unterstadt und das Seeufer, weit hinüber nach Konstanz. In der Ferne grüßen die Berge des Appenzell mit dem Säntismassiv. Von hier aus sind auch die Räume der Droste zugänglich, eine bescheidene Folge von drei Zimmern. Es ist keine Luxusunterkunft, die Räumlichkeiten sind eng, selbst der runde kleine Saal in einem der mittelalterlichen Türme. Atemberaubend ist jedoch der Blick auf den See, ohne störende Bebauung davor, fast wie aus der Vogelperspektive. Und der kleine Terrassengarten gehörte auch dazu.

Annette von Droste-Hülshoff war Kummer gewohnt, litt unter einer fragilen Gesundheit, und immer, wenn es nötig war, kümmerte sie sich um die Familie im fernen Münsterland. Selbst ihre Amme pflegte sie dort bis zum Tod. Insofern bot ihr diese Burg ein Refugium, das sie allerdings nicht alleine bewohnte. Ihr Schwager, der Literat Joseph von Lassberg, hatte die Wohnung in der Meersburg wenige Jahre zuvor erworben; Annettes Schwester Jenny wohnte hier mit ihr gemeinsam. Lassberg verfolgte seit 1815 das Ziel, den Reichsritterstand wieder in die alten Rechte einzusetzen, wenn auch vergebens. Vor diesem Hintergrund war der Erwerb der Burg verständlich. In den Räumen der Droste sind einige persönliche Gegenstände aufbewahrt. Eine Porträtbüste steht neben dem Totenbett; ein schlichter Lorbeerkranz ziert das Sterbelager.

Sehr viel freier wird einem ums Herz, wenn man das charmante Fürstenhäusle aufsucht, das in den Weinbergen außerhalb der Meersburger Stadtmauern liegt. Um 1600 hatte es sich ein Prälat aus der Familie der Fugger als Weinberghaus errichten lassen, einige Anbauten waren hinzugekommen. Annette von Droste-Hülshoff schrieb einer Freundin 1843 ganz glücklich vom Kauf des kleinen Anwesens: »Jetzt muss ich Ihnen sagen, dass ich seit acht Tagen eine grandiose Grundbesitzerin bin. Ich habe das blanke Fürstenhäuschen ... in einer Steigerung nebst dem dazugehörigen Weinberg erstanden, und wofür? Für 400 Reichsthaler. Dafür habe ich ein kleines, aber massiv aus gehauenen Steinen und geschmackvoll aufgeführtes Haus, was vier Zimmer, eine Küche, grossen Keller und Bodenraum enthält, und 500 Weinstöcke, die in guten Jahren schon über 20 Ohm Wein gebracht haben. Es ist unerhört! ... Die Aussicht ist fast zu schön, d. h. mir zu belebt, was die Nah- und zu schrankenlos, was die Fernsicht betrifft.«

Hier ist seit 1924 ein kleines Droste-Museum eingerichtet. Der seeseitige Raum mit dem Biedermeier-Schreibtisch macht einen aufgeräumten wie charmanten Eindruck. Ganz klar, welchem Domizil wir aus heutiger Sicht den Vorzug gäben. Aber es blieb die turmbewehrte Burg, die die Dichterin inspirierte, so auch zu dem berühmten Gedicht »Am Turme«:

VORHERIGE DOPPELSEITE Blick von Osten auf das Alte Schloss in Meersburg, das vom Dagobertsturm bekrönt wird. Die Wohnung Annette von Droste-Hülshoffs befand sich auf der im Foto abgewandten Seite der Burg im oberen Stockwerk. Dort befindet sich auch direkt neben der Wohnung die Terrasse mit dem berühmten Tiefblick auf den See hinunter.

UNTEN UND GEGENÜBER Das Fürstenhäusle vor den Toren Meersburgs ist in vielem wohnlicher als die Zimmerflucht in der alten Burg. Der Blick über die Weinberge auf See und Alpen ist weniger dramatisch als der Tiefblick von der Burg auf die Unterstadt. Auch bei der Einrichtung konnte die Droste hier ihren Geschmack besser verwirklichen. Das kleine, sehr persönlich eingerichtete Arbeitszimmer war ihr bevorzugter Ort, um die berühmten Meersburg-Gedichte zu verfassen.

»Ich steh' auf hohem Balkone am Turm,
Umstrichen vom schreienden Stare,
Und lass' gleich einer Mänade den Sturm
Mir wühlen im flatternden Haare;
O wilder Geselle, o toller Fant,
Ich möchte dich kräftig umschlingen,
Und, Sehne an Sehne, zwei Schritte vom Rand
Auf Tod und Leben dann ringen! [...]

Und drüben seh ich ein Wimpel wehn
So keck wie eine Standarte,
Seh auf und nieder den Kiel sich drehn
Von meiner luftigen Warte;
O, sitzen möcht' ich im kämpfenden Schiff,
Das Steuerruder ergreifen,
Und zischend über das brandende Riff
Wie eine Seemöve streifen. [...]«

Nebenan ein herrliches barockes Treppenhaus

Nach der alten Burg in Meersburg bietet das Neue Schloss einen schönen Eindruck von der Barockarchitektur. Die museal genutzten Raumfolgen sind vergleichsweise schlicht; das raffiniert der Hanglage angepasste Treppenhaus (begonnen um 1740) lohnt den Besuch. Die Handschrift Balthasar Neumanns ist hier genauso zu erkennen wie in der mit wenigen Kunstgriffen zu schöner Raumwirkung gebrachten barocken Hofkirche.

Wer weiter auf den Spuren der Droste-Hülshoff wandeln will: Die Dichterin ist wie die Familie ihres Schwagers auf dem Friedhof Meersburg schlicht bestattet worden.

THE SMITH PREMIER TYPEWRITER.
Smith Premier No 4.

Privates Engagement für Haus und Garten

DAS HERMANN-HESSE-HAUS IN GAIENHOFEN

HOCHZEIT HERMANN HESSES MIT MARIA BERNOULLI UND UMZUG NACH GAIENHOFEN

AUGUST 1904

KAUF DES GRUNDSTÜCKS UND HAUSBAU

1907

ARCHITEKT

HANS HINDERMANN

VERKAUF DES HAUSES UND UMZUG NACH BERN

1912

SANIERUNG DES HAUSES UND DES GARTENS

AB 2004

In den Jahren 1903/04 ereignete sich im Leben des Dichters Hermann Hesse (1877–1962) eine grundlegende Wende. Mit der Veröffentlichung des Romans »Peter Camenzind« hatte der junge Schriftsteller endlich einen Erfolg, über den man in Deutschland diskutierte. Die Arbeit im Buchhandel konnte er nun endlich aufgeben; immerhin hatten ihm die Anstellungen in Tübingen und Basel den Zugang zu jeder Menge Lektüre verschafft. In Basel lernte er zudem Maria Bernoulli kennen. Die Bernoullis kamen ursprünglich aus Flandern, im 17. und 18. Jahrhundert hatte die Familie bedeutende Physiker und Mathematiker hervorgebracht und war dann in Basel zum respektablen Patriziergeschlecht geworden. Maria, oder »Mia«, wie Hesse sie zärtlich nannte, war die erste frei schaffende Fotografin in der Schweiz; eine Frau mit gesundem Selbstbewusstsein und einem Hang zur Lebensreformbewegung. Die Hinwendung zur Einfachheit, zur ländlichen Lebensweise mit weitgehender Selbstversorgung einte die Eheleute. Direkt nach der Hochzeit sah sich Maria nach einem Domizil am Bodensee um. Hesse hatte im Dezember 1903 mehrere Orte besucht und war begeistert von der Landschaft, den Kulturschätzen, aber auch von der Grenzlage zur Schweiz. Maria Hesse wurde schließlich in Gaienhofen auf der Halbinsel Höri am Westende des Untersees fündig. Die Gegend gehörte und

gehört zu den abgelegenen Uferbezirken des Sees, und genau diese Abgeschiedenheit suchte der Dichter in dieser Lebensphase. Dafür nahm er auch in Kauf, für Einkäufe ans Schweizer Ufer oder auf die Insel Reichenau rudern zu müssen; die Wohnung im Fachwerkhaus genügte fürs Erste, forderte jedoch den Handwerker Hesse.

Ende 1906 entschieden sich die Eheleute dann für einen Neubau, den ein befreundeter Basler Architekt ausführte. Es wurde eine veritable kleine Villa, mit schön verteilten Fenstern, traditioneller Schindelverkleidung im Obergeschoss und Anklängen von Jugendstil in den Einzelformen. Besonders sprach das junge Paar die Möglichkeit an, einen eigenen Garten anlegen zu können. Hinzu kam der Wunsch, mit Veranda und großer Terrasse Innen und Außen, Arbeitswelt und Seelandschaft, stärker miteinander zu verbinden. Besonders der Garten machte Hesse viel Freude; er schrieb im Text »Am Bodensee«:

»[...] Ich steckte gemeinsam mit einem mich beratenden Bauernsohn Wege und Beete ab, pflanzte Bäume, Kastanien, eine Linde, eine Katalpe, eine Buchenhecke und eine Menge von Beerensträuchern und schönen Obstbäumen ... alles gedieh recht schön, und wir hatten damals die Erdbeeren und Himbeeren, den Blumenkohl und die Erbsen und den Salat im Überfluss.«

Viele Freunde und Literaten kamen in der Folge nach Gaienhofen. Die Ehe allerdings verlief weniger harmonisch als erhofft. Zwar kamen drei Söhne hier zur Welt, aber phasenweise legte sich schon ein Schatten auf Maria Hesses Seele, der dann Jahre später als manifeste Depression zur Auflösung der Ehe führte. Das Leben auf dem Land, die Einsamkeit dort, war ambivalent. »Im Nebel«, eines der schönsten Gedichte Hesses aus dieser Lebensphase, schließt mit den berühmten Zeilen:

> »Seltsam, im Nebel zu wandern!
> Leben ist einsam sein.
> Kein Mensch kennt den anderen,
> Jeder ist allein.«

EINGANGSDOPPELSEITE, LINKS Hermann Hesses Schreibmaschine, die das schönste Erinnerungsstück an den Dichter im Hermann-Hesse-Höri-Museum in Gaienhofen darstellt.

GEGENÜBER Blick auf das schlichte Fachwerkhaus, das Hesse mit viel handwerklichem Geschick als ersten Wohnsitz in Gaienhofen wohntauglich machte. Aber bereits nach wenigen Monaten reifte der Entschluss, ein eigenes Haus als Neubau zu errichten.

Hesse suchte nach neuen Inspirationen, fand diese zeitweise im Tessin beim einsiedlerisch lebenden Naturpropheten Gusto Grässer und brach schließlich 1911 zur großen Südasienreise auf, deren tiefe Eindrücke er in dem Bericht »Aus Indien« 1913 veröffentlichte. Zu diesem Zeitpunkt war der Entschluss bereits gefallen, den Bodensee zu verlassen. Das Haus wurde im September 1912 verkauft.

Der Kunstmaler Walter Waentig bewohnte die Villa 1918 bis zu seinem Tod 1962. Viele Veränderungen wurden vorgenommen; nach seinem Tod verwahrloste der Garten zunehmend, und um die Jahrtausendwende stand das Hesse-Haus kurz vor dem Abriss. Im Dezember 2003 kauften die Eheleute Eberwein aus Rhöndorf bei Bonn das Anwesen. Dies war ein seltener Glücksfall. In Absprache mit den Denkmalbehörden machten sie sich

umgehend an eine sorgfältige Restaurierung des Hesse-Hauses. Bereits ein Jahr später konnte es der staunenden Öffentlichkeit im alten Glanz präsentiert werden. In den Folgejahren investierten die Eheleute vor allem in die rekonstruierende Neugestaltung des völlig verwilderten Gartengeländes, das seit 2009 wieder den Eindruck wie zu Zeiten Hesses vermittelt. In den Sommermonaten öffnen die Bewohner Haus und Garten zu bestimmten Tagen für interessierte Besucher. Privates Engagement verbunden mit Geschmack hat das einzige Haus, das Hesse sich zu Lebzeiten bauen ließ, in aller Schönheit wiedererstehen lassen.

Selbstverständlich ist die originale Einrichtung fast ganz verloren gegangen. Den Sekretär Hesses mit Schreibmaschine, alte Drucke und Gedenkstücke kann man im Hermann-Hesse-Höri-Museum ebenfalls in Gaienhofen anschauen. Dort finden sich auch Kunstwerke der vielen Maler, die sich nach Hesse auf der Halbinsel Höri niederließen oder besuchsweise kamen, so der Expressionist Erich Heckel oder aber Otto Dix, der nach 1936 über 30 Jahre im nahen Hemmenhofen lebte. Auch sein Haus kann seit 1991 besichtigt werden.

GEGENÜBER 1907 war es dann so weit: Mit einem Schweizer Architekten planten und realisierten Hermann und Maria Hesse einen Neubau in Gaienhofen. Die kleine Villa wurde mit Anklängen an den Jugendstil errichtet. Hesse machte sich mit viel Elan an die Anlage eines Blumen- und Nutzgartens, den er den zahlreichen Gästen in Gaienhofen immer wieder gerne stolz präsentierte.

Hesses Heimat im Nordschwarzwald

Calw im Nordschwarzwald ist insbesondere mit Kindheit und Jugend Hesses eng verbunden. Schräg gegenüber vom Geburtshaus am Marktplatz zeigt das Hermann-Hesse-Museum in neun Räumen die größte zusammenhängende museale Aufbereitung von Leben und Werk des Dichters. Der langjährige Herausgeber der Werke Hesses, Volker Michels, richtete die Schausammlung 1990 ein. Seitdem wird diese laufend auf den neuesten Stand gebracht. Zu sehen sind allerlei Memorabilia, natürlich die Originalausgaben der Bücher, Aquarelle des Dichters und vieles mehr.

Wunderkammer der Poesie auf der Schillerhöhe

DAS DEUTSCHE LITERATURARCHIV MARBACH

GEBURT VON JOHANN CHRISTOPH FRIEDRICH SCHILLER IN DER NIKLASTORSTRASSE 31

10. NOVEMBER 1759

BAU DES SCHILLER-MUSEUMS UND SCHILLER-ARCHIVS

1901–03

GRÜNDUNG DES DEUTSCHEN LITERATURARCHIVS

1955

EINWEIHUNG DES LITERATUR-MUSEUMS DER MODERNE

2006

ARCHITEKT

DAVID CHIPPERFIELD

Geburtshäuser erlauben neugierigen Nachgeborenen, den Genius Loci zu ergründen und der sozialen Stellung einer berühmten Persönlichkeit auf die Spur zu kommen. Dies ist auch bei Johann Friedrich Schillers (1759–1805) Geburtshaus der Fall: Das bescheidene Fachwerkhaus im sortierten Kleinstädtchen Marbach unterscheidet sich in keinster Weise von der restlichen pittoresken schwäbischen Bebauung. Es war der sozialen Stellung von Schillers Eltern angemessen: Hier wohnten ein Leutnant der württembergischen Armee, der als Feldscher und Wundarzt seinen Dienst tat, und die ihm angetraute Gastwirtstochter. Allerdings zog die Familie schon knappe vier Jahre nach Friedrichs Geburt nach Lorch ins Remstal, wo der Vater sich als Werbeoffizier verdingen musste. Anders als im Frankfurter Goethe-Haus, in dem die Familie lange wohnte und sich Johann Wolfgang immer wieder aufhielt, erwartete den Besucher in Marbach viele Jahre nur ein zwar hübsches, aber weitgehend leeres Häuschen. Erst im Schillerjahr 2009 wurde eine zeitgemäße kleine Ausstellung zur Familie Schiller und zum Nachruhm des Dichters eröffnet. Wer Schillers Lebensumstände besser kennenlernen will, sei auf das Gartenhaus in Jena verwiesen oder aber gleich auf das Schiller-Haus in Weimar mit seiner kompletten Inneneinrichtung, das der Dichter von 1802 bis zum Tod 1805 bewohnte.

Der Grund für die Marginalisierung des Geburtshauses war auch der, dass zu Beginn des 20. Jahrhunderts, getragen von einem großen gesellschaftlichen Konsens, beschlossen wurde, auf der Schillerhöhe außerhalb der Marbacher Altstadt ein Schiller-Museum zu errichten und die durch Zukauf stark vergrößerte Sammlung zum Leben und Werk des Dichters dort zu präsentieren. Der neobarocke Prunkbau mit Jugendstilelementen zitiert die vom jungen Schiller ungeliebte Fassade samt Kuppelsaal von Schloss Solitude bei Stuttgart. In die dortige »Militair-Pflanzschule« musste der heranwachsende Schiller auf Befehl des Herzogs Carl Eugen 1773 wechseln.

Das Marbacher Literaturschloss ist mit seiner repräsentativen Raumfolge nicht einfach zu bespielen. Auch stellt sich die bange Frage, inwieweit Literatur heutzutage überhaupt anregend ausgestellt werden und der Spagat zwischen Büchern, Manuskripten in Vitrinen und aufgepepptem Multimedia-Chichi überwunden werden kann. Im Marbacher Schiller-Nationalmuseum (SNM) ist die Quadratur des Kreises in anregender, ja genialer Weise gelöst. Rechts des für Veranstaltungen genutzten prächtigen Schiller-Saals wird sein Leben und Werk, aber auch das historische Umfeld, das ihn prägte, präsentiert. »Schillers Werkstatt. Stückwerk und Verdichtung«, »Schillers Leben. Spur und Entwurf«, »Schillers Horizont. Bücher und Bilder«, »Schillers Bilder. Beiwerk und Typus« und schließlich »Schillers Kleider. Haus und Hülle« – so heißen die 2009 neu eröffneten Sektionen. Auf der anderen Gebäudeseite wird die Literaturgeschichte mit Schwerpunkt Klassik und Romantik nicht etwa chronologisch abgespult, sondern thematisch überraschend neu sortiert – oder besser: zersprengt. Der Besucher übernimmt die intellektuell anspruchsvolle Aufgabe, sich aus den Bruchstücken der Poesie ein Bild von den Denkweisen der Epochen zu bauen, und wird dabei von den Kuratoren nur zurückhaltend gelenkt. Das heißt aber auch, dass sich die Ausstellung nicht auf die Schnelle konsumieren lässt. Hier bleibt das Banale eben nicht nur banal, das scheinbar Berühmte eben nicht nur weihrauchgeschwängert, sondern alles lädt zu einer ganz neuen Erfahrung von Poesie ein – vorausgesetzt man lässt sich auf das anspruchsvolle Konzept ein.

Ebenso innovativ gelang das Museumskonzept im Neubau des Literaturmuseums der Moderne (LiMo), den David Chipperfield neben das gründerzeitliche Gebäude stellte. Von außen imponiert dieser zunächst als moderne Version eines griechischen Tempels. Allerdings entpuppt sich dieser Eindruck schnell als fast ironische Hoheitsgeste in Richtung des Altbaus nebenan. Innen erschließen sich raffiniert beleuchtete Räume im Untergeschoss, deren zurückhaltende Gestaltung vor allem die Exponate selbst wirken lässt. Im Zentrum liegt ein »Nexus« benannter Raum, der zunächst mit seinen langen Reihen paralleler Vitrinen von verwirrender Materialfülle ist. Die Logik dieser »Probebohrungen« durch ausgewählte Archivmaterialien zur Geschichte der Literatur des 20. Jahrhunderts

EINGANGSDOPPELSEITE, LINKS Eine der instruktiven Installationen im Schiller-Nationalmuseum zeigt die Entwicklung des Schiller-Bildes anhand von realen wie idealisierten Porträts.

GEGENÜBER Das alte schwäbische Städtchen Marbach wird noch heute von den traufständigen schwäbischen Fachwerkhäusern des 16. bis 18. Jahrhunderts geprägt. Schillers Geburtshaus ist das mittlere der Hausreihe und an der Gedenkplakette im Giebel erkennbar. Die scheinbar kompakte Häuserzeile täuscht insofern, als sich hinter dem Schiller-Haus eine Gasse befindet; an dieser rückwärtigen Seite liegt auch die Eingangstür.

erschließt sich rasch. Streng chronologisch sind die Gänge angelegt und rechts wie links Artefakte zur literarischen Produktion, aber auch aus dem Lebensumfeld der großen Denker, Dichter und Schriftsteller der Moderne scheinbar rein assoziativ und ohne jede bevormundende Gewichtung ausgestellt. Die Ausstellungsmacher konnten aus dem überreichen Fundus des Literaturarchivs nebenan schöpfen, das über tausend Nachlässe von Dichtern und Schriftstellern betreut. Ausgestellt sind nicht nur berühmte Manuskripte im Original, sondern beispielsweise auch die Menükarte eines Festessens im Hause Mann oder ein Telegramm der Marlene Dietrich aus Hollywood an Erich Kästner, in dem sie freundlich mitteilt, was für einen schönen Abend ihr das Buch »Pünktchen und Anton« bereitet habe. Bei dieser Überfülle des Leseangebots gibt es nur zwei Alternativen: die Zeit zu vergessen oder aber überfordert aus dieser Wunderkammer zu flüchten. Letzteres wäre allzu schade, aber die schöne Terrasse über dem Neckar oder ein kleiner Spaziergang lassen ja vielleicht neue Kraft schöpfen für einen zweiten Anlauf.

GEGENÜBER Blick in den Ausstellungsbereich »Nexus« im Literaturmuseum der Moderne auf der Marbacher Schillerhöhe. Der Architekt David Chipperfield gestaltete den anregenden Neubau bis 2006. In zahlreichen Vitrinen sind Artefakte der Literatur und des Lebens bedeutender Literaten zu bestaunen. Einzig die Chronologie der Jahrzehnte des 20. Jahrhunderts gibt einen roten Faden vor. Den Rest kann der Besucher nach Lust und Laune für sich entdecken.

Ein Barocktheater von europäischem Rang

Die nahe gelegene Residenzstadt Ludwigsburg ist nicht nur bekannt für das »Blühende Barock« rund um das riesige Barockschloss. Das Theater im Ostflügel, 1758 als Rangtheater eingerichtet und 1812 nochmals umgestaltet, ist einzigartig in Deutschland, weil sich noch gewichtige Teile der Bühnenausstattung original erhalten haben: Die immer noch funktionierende Maschinerie stammt von 1758, der Vorhang mit Apoll und den Musen von 1763. Selbst knapp 20 Bühnenbilddekorationen des späten 18. und frühen 19. Jahrhunderts blieben wie durch ein Wunder erhalten. Im Rahmen der Ludwigsburger Schlossfestspiele kann der stimmungsvolle Theaterraum am schönsten erlebt werden. Hier finden dann Lesungen und Kammerkonzerte statt.

In der Nacht des Lebens gefangen

DER HÖLDERLINTURM IN TÜBINGEN

STUDIUM HÖLDERLINS IN TÜBINGEN

1788–93

EINLIEFERUNG DES GEISTIG VERWIRRTEN IN DAS AUENRIETH-SCHE KLINIKUM IN TÜBINGEN

11. SEPTEMBER 1806

STÄNDIGE PFLEGE BEI DER FAMILIE ZIMMER IM HÖLDERLIN-TURM

1807–43

ERSTE EINRICHTUNG EINES GEDENKRAUMS

1954

GRUNDLEGENDE RENOVIERUNG UND NEUEINRICHTUNG

1984

Die Neckarfront ist die Schokoladenseite der alten Universitätsstadt Tübingen. Die ab 1819 auf der Wörthinsel gepflanzte Platanenallee im Rücken, geht der Blick auf die stattliche Reihe der Fachwerkhäuser, alte Gebäude der 1477 gegründeten Universität und die Stiftskirche mit ihrem etwas zu kurz geratenen Steinhelm über den verwinkelten Dächern. Kaum eine andere deutsche Stadt hat eine so schöne Flussansicht zu bieten. Gänzlich bukolisch wird das Bild, wenn im Sommer die Stocherkähne den Neckar beleben.

Ein blassgelbes Gebäude unterscheidet sich mit seiner ungewöhnlichen Form von der ansonsten einheitlichen Häuserfront: der heute so genannte Hölderlinturm. Ursprünglich ein Teil der mittelalterlichen Stadtbefestigung, wurde der Rundbau später um ein bescheidenes Wohnhaus ergänzt. Gespenstisch mutet die Vorstellung an, dass der große Dichter Friedrich Hölderlin (1770–1843) hier unter Aufsicht einer rechtschaffenen Schreinerfamilie die letzten 36 Jahre seines Lebens in geistiger Umnachtung verbrachte. So wie Winckelmann den Deutschen als große kulturelle Neuerung die griechische Kunst nahegebracht hatte, schuf Hölderlin mit seiner Poesie ein neues Verständnis antiker Dichtung durch seine Übertragungen von Pindar und Sophokles, aber auch durch seine eigenen Oden, Balladen

EINGANGSDOPPELSEITE, LINKS
Im Obergeschoss des gelb verputzten Turms verbrachte Hölderlin die letzten 36 Jahre seines Lebens. Ob er den Blick auf den Neckar und das bereits damals lebendige studentische Treiben auf dem und am Wasser genoss, wird niemand mit Gewissheit beurteilen können. Von allen anderen Dichterhäusern dieses Buches unterscheidet sich der Hölderlinturm jedenfalls durch den Umstand, dass hier ein großer Poet nicht freiwillig lebte, sondern ihm dieser Platz als betreute Wohnung zugewiesen wurde.

und Hymnen. Zu seinen Lebzeiten wollten dies nur wenige anerkennen, am ehesten Schiller, den Hölderlin 1794/95 in Weimar und Jena traf, vielleicht noch Hegel und Schelling. Die eigentliche Entdeckung des Hölderlin'schen Werks gelang erst den großen Lyrikern der Moderne, die seine visionären Dichtungen in ihrer Radikalität schätzen lernten: George, Trakl, Celan, Bachmann, Kaschnitz – ganz zu schweigen von dem Heer der Germanisten und Philologen, die seine Dichtung satzweise zu analysieren versucht haben und doch bei den Versuchen einer einheitlichen, kritischen Werkausgabe an ihre Grenzen gerieten.

Hölderlin auf Grund seiner Biografie nur als Gescheiterten darzustellen, griffe jedoch zu kurz. Nach dem Theologiestudium in Tübingen hielt er sich mit Privatunterricht und als Hofmeister leidlich über Wasser, flüchtete von Zeit zu Zeit wieder in den Schoß der Familie nach Nürtingen und publizierte auch einige seiner Werke. Sicher, die große Liebe seines Lebens, Susette Gontard, die als »Diotima« in seinem Werk unsterblich wurde, musste zwangsläufig scheitern, weil die Angebetete verheiratet war und zudem Kinder hatte. Die Männerfreundschaft zu Isaac von Sinclair war, nachdem sie in einen Verratsprozess verwickelt waren, auch keine stabile Basis mehr; und als schließlich Susette 1802 starb, machte sich Hölderlins Geisteskrankheit immer stärker bemerkbar. Im kritischen Jahr 1805 war der Rubikon überschritten, der Dichter wurde für wahnsinnig erklärt, 1806 unter Vorwand und mit Gewaltanwendung über sieben Monate in Tübingen psychiatrisch behandelt und schließlich in den berühmten Turm überstellt. Eines der berühmten Hölderlin-Gedichte, »Hälfte des Lebens« aus dem Jahr 1805, lässt sich prophetisch als Abschied von der lebensvollen Helle und Ausblick auf eine Zukunft in dunkler Kälte lesen:

»Mit gelben Birnen hänget
Und voll mit wilden Rosen
Das Land in den See,
Ihr holden Schwäne,
Und trunken von Küssen
Tunkt ihr das Haupt
Ins heilignüchterne Wasser.

Weh mir, wo nehm' ich, wenn
Es Winter ist, die Blumen, und wo
Den Sonnenschein,
Und Schatten der Erde?
Die Mauern stehn
Sprachlos und kalt, im Winde
Klirren die Fahnen.«

Der Turm ist nicht nur Sitz der Hölderlin-Gesellschaft und beherbergt eine gute Bibliothek zum und um den Dichter; im Obergeschoss können die allerdings im 19. Jahrhundert noch veränderten Räume des »Rundels« angeschaut werden, die Hölderlin zugewiesen waren. Im runden Turmzimmer stehen zwei Stühle, an den Wänden hängen späte Gedichte, die der Bewohner dann meist als »Scardanelli« zeichnete und in die fantastischsten Jahre zurück- oder vordatierte; auf dem Boden ab und an ein Blumenstrauß. Dieses Zimmer gibt in seiner Leere auf paradoxe Weise genügend Raum, um über den genialen Bewohner nachzudenken, der hier über Jahrzehnte seine lichten wie dunklen Momente hatte, durchaus noch Besucher, so Wilhelm Waiblinger, empfing oder aber einsam und rastlos mit großen Schritten den Flur zum Turm auf und ab lief. Wo ist der Sinn, wo der Verstand? Das Enigma Hölderlin löst sich hier nicht auf, es verstärkt sich sogar, vor allem beim Blick hinunter zum Neckar, zu seinen Kähnen und den Spaziergängern auf der lebhaften Insel gegenüber.

Das Geburtshaus in Nürtingen

Das Geburtshaus Hölderlins in Nürtingen steht noch. Hier verbrachte er Kindheit und Jugend, kehrte dann später auch für längere Zeit zur Mutter zurück, das letzte Mal 1802/03, nach der Heimfahrt von einem katastrophalen Arbeitsversuch als Hauslehrer bei der Familie des Konsuls Meyer in Bordeaux.

Lange als Schulgebäude, heute als Volkshochschule genutzt, bewahrt das Gebäude, um dessen Wiederbelebung sich der Verein Hölderlin-Nürtingen e.V. mit Veranstaltungen und Aktionen bemüht, ein lebendiges Andenken an den größten Sohn der schwäbischen Kleinstadt.

Herrliche Promenade mit Schlossblick

DER PHILOSOPHENWEG IN HEIDELBERG

ALTER WEINBERGWEG DES 18. JAHRHUNDERTS

IN DER ROMANTIK ZUM SPAZIERWEG DER DICHTER UND STUDENTEN AUSGEBAUT

RUNDWEG

ALTE BRÜCKE – NEUENHEIMER LANDSTRASSE – BERGSTRASSE – PHILOSOPHENWEG – SCHLANGENWEG – ALTE BRÜCKE

DAUER CA. 1,5 STUNDEN

Die Stadt Heidelberg ist zum Ort der romantischen Dichtung schlechthin geworden. Die Lobpreisung der Stadt und ihrer Lage am Ausgang des Neckars aus dem Odenwald setzte mit der berühmten Ode, ja Liebeserklärung Friedrich Hölderlins um das Jahr 1800 ein:

»Lange lieb ich dich schon, möchte dich, mir zur Lust,
Mutter nennen und dir schenken ein kunstlos Lied,
Du, der Vaterlandsstädte
Ländlichschönste, so viel ich sah.

Wie der Vogel des Waldes über die Gipfel fliegt,
Schwingt sich über den Strom, wo er vorbei dir glänzt,
Leicht und kräftig die Brücke,
Die von Wagen und Menschen tönt.

Wie von Göttern gesandt, fesselt' ein Zauber einst
Auf die Brücke mich an, da ich vorüber ging
Und herein in die Berge
Mir die reizende Ferne schien [...]

EINGANGSDOPPELSEITE, LINKS, UND NACHFOLGENDE ABBILDUNGEN Es gibt kaum einen aussichtsreicheren städtischen Spaziergang in Deutschland als den Heidelberger Philosophenweg: Die Türme, die Alte Brücke und die Dachlandschaft der barocken Heidelberger Altstadt im Blick, sieht man darüber das mächtige Schloss mit den Unterbauten des ehemaligen »Hortus palatinus« links und über allem den Königsstuhl als Hausberg der alten Universitätsstadt. Immer wieder unterbrechen Erinnerungstafeln an diejenigen Dichter den Weg, die der Stadt und dem Schloss in ihren Werken ein Denkmal setzten.

Aber schwer in das Tal hing die gigantische,
Schicksalskundige Burg nieder bis auf den Grund,
Von den Wettern zerrissen;
Doch die ewige Sonne goß

Ihr verjüngendes Licht über das alternde
Riesenbild, und umher grünte lebendiger
Efeu; freundliche Wälder
Rauschten über die Burg herab.

Sträuche blühten herab, bis wo im heitern Tal,
an den Hügel gelehnt oder dem Ufer hold,
Deine fröhlichen Gassen
Unter duftenden Gärten ruhn.«

Bereits in diesem Gedicht sind alle Topoi der Heidelberglyrik versammelt: der Blick von der Höhe auf die Stadt, die barocke Neckarbrücke mit ihrem Statuenschmuck, die riesige Schlossruine der Renaissance darüber, die Wälder des Odenwalds, die Öffnung des Neckartales in die Rheinebene. Immer wieder haben diese Bilder die romantischen Dichter angeregt. Neben der zauberhaften Lage war es vor allem das Schloss, dessen halbruinöser Zustand Reflexionen über die Vergänglichkeit des Lebens geradezu herausforderte. Das bunte Treiben der Studentenstadt und die Tragik der Geschichte, die Zerstörung von Stadt und Schloss durch die französischen Truppen König Ludwigs XIV. 1688 und 1693, lieferten poetischen Stoff in Hülle und Fülle.

Die Liste der Dichter dieser spezifischen Heidelberger Romantik ist lang: von den Hauptvertretern Achim von Arnim und Clemens Brentano über Joseph Görres, Joseph von Eichendorff, Caroline von Günderrode, Bettina von Arnim, die Brüder Grimm. Sie alle trugen dazu bei, das Bild der kurpfälzischen Studentenstadt zu verewigen.

Heute zieht das Schloss die meisten Besucher an, und die Hauptstraße in der Altstadt ist fest in der Hand amerikanischer und japanischer Touristen. Der Zauber des romantischen Heidelbergs wird vielleicht an einem

anderen Ort lebendiger erfahrbar: bei einem Spaziergang auf dem Philosophenweg, die Südseite des steilen Heiligenbergs entlang. Von Neuenheim geht es zunächst kräftig bergan, vorbei an den Physikalischen Instituten der Universität und prächtigen Villen aus der Zeit des Jugendstils. Aber nach einer Viertelstunde ist die Höhe erreicht. Der erste Blick auf Schloss und Stadt verschlägt einem den Atem, insbesondere im Frühjahr, wenn die Hänge von blühenden Obstbäumen und Sträuchern weiß betupft sind. Selbst subtropische Gewächse gedeihen an diesem mikroklimatisch einzigartigen Südhang ganzjährig, Feigenbäume stehen in den Gärten, darüber ziehen Esskastanienwälder steil den Hang hinauf. Die Artenvielfalt seltener Singvögel hier macht jeden Großstädter melancholisch. Auf diesem ehemaligen Weinbergpfad, der heute durchgehend asphaltiert ist, sind im 19. Jahrhundert die berühmten Einwohner und Gäste gerne entlangspaziert. Und beileibe nicht nur die Philosophen unter ihnen.

Die Eichendorffanlage erinnert an den großen Lyriker der deutschen Romantik, der über seine Studentenzeit in Heidelberg sagte:

»Heidelberg ist selbst eine prächtige Romantik; da umschlingt der Frühling Haus und Hof und alles Gewöhnliche mit Reben und Blumen und erzählen Burgen und Wälder ein wunderbares Märchen der Vorzeit, als gäbe es nichts Gemeines auf der Welt.«

Die Merianaussicht ermöglicht einen Blick auf die Stadt, wie sie der Geograf und Zeichner auf seinem Kupferstich 1620 verewigte. Weil Heidelberg den Zweiten Weltkrieg ohne Bombardierung überstand, erfreut die Aussicht auf die Dächerlandschaft einer fast intakten barocken Stadt bis heute. Selbstverständlich darf im weiteren Verlauf eine Königin-Silvia-Bank nicht fehlen; die schwedische Königin lebte in Heidelberg, bevor sie Carl Gustav ehelichte. Von hier an lässt es sich herrlich promenieren, den Blick auf die Stadt und den parallel fließenden Neckar gerichtet. Der steile Hang unterhalb des Weges blieb glücklicherweise unbebaut; lediglich einige romantische Gartenhäuschen erfüllen mit Neid. Hier würde man gerne einen Nachmittag oder Abend verweilen, um den Blick bei einem guten Glas Wein zu genießen. Ein schöner Abschluss ist die stark zugewachsene Hölderlinanlage. Dort sind die Anfangszeilen der berühmten Ode an die Stadt in einen Stein gemeißelt.

Der schönste, wenn auch steile Rückweg führt über den Schlangenweg direkt zur Alten Brücke in die Altstadt hinunter. Viele Ruhesitze und Aussichtspunkte laden immer wieder zum Verweilen ein. Aber keine Angst: Die Bezeichnung »Schlangenweg« wurde nicht wegen der übermäßig den Hang belebenden Reptilien gewählt, sondern bezieht sich auf die Serpentinen dieses Fußpfades.

Mozart in Schwetzingen

Am Rande des herrlichen Schlossparks im nahen Schwetzingen errichtete Nicolas de Pigage 1752 das Rokokotheater. Es ist das erste Rangtheater überhaupt und heute mit knapp 500 Plätzen Ort der hochkarätigen Schwetzinger Festspiele. Leider wurde das noch bis Beginn des 20. Jahrhunderts erhaltene alte Bühnenhaus komplett erneuert. Der Zuschauerraum vermittelt aber noch den Eindruck, den auch sein berühmtester Besucher erlebte: Wolfgang Amadeus Mozart trat hier erstmals 1763 auf der großen Europareise als siebenjähriges Wunderkind und danach wiederholte Male auf. Sein Konzert in Schwetzingen wurde folgendermaßen annonciert:

»Der Knabe wird das Manual oder die Tastatur mit einem Tuch verdecken und auf dem Tuch so gut spielen, als ob er die Klaviatur vor Augen hätte. Er wird ferner in der Entfernung alle Töne, die man einzeln oder in Akkorden auf dem Klavier oder auf allen nur erdenklichen Instrumenten, Glocken, Gläsern usw. anzugeben im Stande ist, genauestens benennen; und zu guter letzt konnte ihm das Publikum Töne oder auch schwerste Tonfolgen angeben, nach denen er dann, solange man zuhören wollte, auf dem Klavier fantasierte.«

S
DIONYSII
CARTHUSIA.
SERMONES
DOMINICA,
R.P.

Herz und Stiftung eines großen Europäers

DAS CUSANUSSTIFT IN BERNKASTEL-KUES

STIFTUNG DES NIKOLAUS VON KUES (CUSANUS) ALS HOSPITAL

1447
BAUBEGINN

1450
WEIHE DER KAPELLE MIT HERZGRAB DES STIFTERS

1465
WICHTIGSTE PRIVATBIBLIOTHEK DES MITTELALTERS

314 HANDSCHRIFTEN DES 9.–15. JAHRHUNDERTS

Die zahllosen Besucher, die jedes Jahr die römische Kirche von San Pietro in Vincoli aufsuchen, zieht es magisch ins rechte Querhaus, wo Michelangelos kolossale Statue des Moses (1513–16) betrachtet werden kann. Dabei geht fast jeder achtlos an einem hübschen Grab im Stil der Frührenaissance vorbei: Ein Relief zeigt Petrus in der Mitte, der einem Engel rechts die zersprengten Ketten aus seinem Kerker reicht, die Hauptreliquie der Kirche. Links kniet der Stifter, dessen durchgeistigtes Profil sofort auffällt. Das Wappen des Flusskrebses auf goldenem Grund und die Inschrift der schönen Grabplatte erläutern, welch großer Mann hier in seiner Titularkirche als Kardinal bestattet wurde: Nikolaus von Kues (1401–64), der sich auch Nicolaus Cusanus nannte.

Der Mann aus dem hübschen Moselstädtchen Kues, von dem er seinen Namen nahm, war eine der faszinierendsten deutschen Persönlichkeiten des 15. Jahrhunderts. Erst in den letzten Jahrzehnten ist sein facettenreiches Wirken im Heiligen Römischen Reich und am päpstlichen Hof in Rom für die Naturwissenschaften, die Kirchengeschichte und Philosophie gewürdigt worden. Kein anderer Denker vermittelt den Umbruch vom Mittelalter in die frühe Neuzeit ähnlich wie Cusanus.

EINGANGSDOPPELSEITE, LINKS, UND GEGENÜBER Zu den besonderen Kostbarkeiten des Cusanusstifts gehört neben der Kirche die noch von Nikolaus von Kues persönlich angelegte Bibliothek. In Deutschland ist eine solche komplett erhaltene Büchersammlung eines Kirchenmannes und Philosophen einzigartig. Die Bibliothek vermittelt Forschern aus aller Welt den Zugang zum Werk des Cusanus, zumal viele Manuskripte mit eigenhändigen Anmerkungen versehen wurden.

Seine politische Einflussnahme war beachtlich: Ab 1432 vermittelte Cusanus als frischgebackener Doktor des Kirchenrechts auf dem Basler Konzil zwischen der päpstlichen Fraktion um Eugen IV. und der Konzilspartei. 1437 gelang ihm als päpstlicher Legat ein diplomatischer Coup: Er reiste nach Konstantinopel und bewegte den byzantinischen Kaiser Johannes VIII. Palaiologos, ihn mit einer hochrangigen Delegation von kirchlichen Würdenträgern zurück nach Italien zu begleiten. Dort sollte auf dem Konzil von Ferrara und Florenz noch einmal, wenn auch vergeblich, die Einheit von West- und Ostkirche beschworen werden. Später war Cusanus ein streitbarer Erzbischof von Brixen in Südtirol, ließ aber nie seine Pfründen an der Mosel aus den Augen. Als einziger deutscher Kardinal und respektierter Kirchenmann war er einer der engen Berater der beiden Humanisten auf dem Stuhl Petri, Nikolaus V. und Pius II. Piccolomini.

Als Philosoph brach Cusanus mit der Spätscholastik des Mittelalters, indem er klar das Individuum in den Vordergrund stellte und streng zwischen Verstand (ratio) und Vernunft (intellectus) unterschied. Dies ermöglichte ihm, seine Koinzidenztheorie zu entwickeln, die um die Einheit und Vielheit der Dinge und in Gott kreist. Philologische Spitzfindigkeit war ihm bei allem fremd. Mit seiner Betonung der Mathematik und des Messens wurde er außerdem einer der Väter der empirischen Naturwissenschaften. Und mit der Erkenntnis, dass die Annäherung an den einen Gott mit einer Vielzahl von rituellen Gebräuchen unterschiedlichster Religionen – unter dem Dach der einen katholischen Kirche selbstverständlich – möglich sei, keimte bereits ein wenig Aufklärung in seinem Werk auf.

Dieser überaus belesene und kultivierte Renaissancemensch vergaß bei allen internationalen Verpflichtungen und Erfolgen seinen Heimatort nicht. Hier in Kues gründete er ein Hospital, das 33 Männern jenseits der Altersgrenze von 50 Jahren einen bequemen Lebensabend ermöglichen sollte. Dafür setzte Cusanus sein Erbe ein; auch seine spektakuläre Privatbibliothek vermachte er dem St. Nikolaus-Hospital. Sie befindet sich noch heute dort und verfügt über seltene Handschriften und Inkunabeln eigener Werke wie der großen philosophischen Vorläufer, auf die sich Nikolaus berief, insbesondere den Katalanen Raimundus Lullus, Albertus Magnus aus Köln und Meister Eckart.

Erstaunlicherweise ist das Hospital ganz im spätgotischen Stil gebaut worden. Nicht der Hauch von Renaissance ist zu spüren, es sei denn, man wolle in dem ungewöhnlichen, quadratischen, von einer einzigen Mittelsäule getragenen Kirchenraum eine Überführung des Zentralbaugedankens der Renaissance in die heimische Moselgotik erkennen. Anrührend ist das Grab mit dem Herzen des Stifters vor dem Hauptaltar, für den mit dem Meister des Marienlebens ein erstrangiger Kölner Maler gewonnen wurde. Der Leichnam gehörte Rom, das Herz aber sollte zur ewigen Ruhe an die Mosel zurückkehren! Ein Porträt des Nikolaus von Kues ist neben den Kreuzstamm der Kreuzigung Christi auf der Mitteltafel des Altars eingefügt.

Cusanus sorgte sich vermutlich persönlich um die Baupläne des Stifts, die von ebenso stringenter Logik sind wie sein Denken: Um den Kreuzgang legte er Einzelschlafräume für die adligen Bewohner an, die weniger Betuchten schliefen in einem Dormitorium an der Nordseite, in einer Reihe mit Speisesaal und geräumiger Küche. Alles ist von angenehmer Weiträumigkeit, dabei von fast gemütlichem Zuschnitt und bestens gepflegt. Nur mit Führung kann die Bibliothek besichtigt werden, auch sie ein gotisch gewölbter Zentralbau. Der Laie wird kaum ermessen können, welche Schätze hier für die Cusanus-Forscher lagern. Nirgendwo sonst in Europa ist der Think-Tank eines herausragenden Denkers der Zeit noch unversehrt erhalten, und wir wissen deshalb genau, aus welchen Quellen dieser große Geist schöpfen konnte. Bibliothek, Kirche und Stift sind ein Gesamtkunstwerk des Humanismus deutscher Prägung und ein Geschenk an die Nachwelt, dessen Wirkung heute unvermindert anhält. Auch deshalb hat die Studienstiftung der Katholischen Kirche als Cusanus-Werk den Namen des großen Nikolaus von Kues übernommen.

GEGENÜBER Blick auf das Geburtshaus des Nikolaus von Kues. Das stattliche Gebäude wurde um 1570 im Spätrenaissancestil erneuert, diente zu diesem Zeitpunkt dem Rektor des nahen Cusanusstifts als Wohnort und beherbergte zudem die Verwaltung der karitativen Einrichtung.

Karl Marx in Trier

Die Mosel aufwärts wurde 1818 in der alten Römer- und Bischofsstadt Trier in einem hübschen Barockhaus Karl Marx als drittes Kind des Anwalts Heinrich und der Henriette Marx geboren. Erst 1816/17 war der Vater, der aus der einflussreichen Rabbinerfamilie Marx Levi stammte, zum Protestantismus konvertiert, um weniger Probleme in seiner Tätigkeit als Justizrat zu haben. Bis 1835 lebte der junge Marx in Trier und lernte hier auch seine spätere Ehefrau Jenny von Westphalen kennen, bevor er nach Bonn zum Studium wechselte.

In 23 Räumen des Geburtshauses wird das Leben und Werk des einflussreichen Philosophen, Gesellschaftskritikers, Ökonomen und Journalisten vorbildlich ausgeleuchtet; auch die Nachwirkung seiner Schriften bis in die Gegenwart ist bestens dokumentiert.

BEETHOVEN GEBURTSHAUS
20

Mozarts Geist aus Haydns Händen

DAS BEETHOVEN-HAUS IN BONN

WOHNHAUS DER ELTERN BEETHOVENS

AB 1767

GEBURTSORT LUDWIG VAN BEETHOVENS

1770

ERÖFFNUNG EINER GASTWIRTSCHAFT

1873

GRÜNDUNG DES VEREINS BEETHOVEN-HAUS UND ERWERB

1893

LETZTE RENOVIERUNG

1994–96

Ludwig van Beethovens (1770–1827) Geburtshaus in der Bonngasse 20 bietet heute weit mehr als nur das Andenken an die ersten Stunden des Genies: Es beherbergt ein veritables Beethoven-Museum, auf dessen Bestand an Handschriften, Gemälden, Musikinstrumenten und Gedenkstücken selbst Wien neidisch ist. Dieser Reichtum verdankt sich der Geschichte der Gedenkstätte, die 1893 vom »Verein Beethoven-Haus Bonn« eröffnet wurde. Im noch jungen Kaiserreich war das Interesse natürlich besonders groß, mit der Einrichtung einer »Weihestätte« im Geburtshaus wenigstens einen der großen Komponisten der Zeit um 1800 wieder heim ins Reich zu holen. Der Verein entwickelte enorme Aktivitäten, um vor allem die begehrten Autografen, also die Notenhandschriften Beethovens, zu erwerben, aber auch persönliche Gegenstände und Musikinstrumente des Komponisten. Dabei war man höchst erfolgreich: Heute verfügen die Tresore unter dem 1989 eröffneten Kammermusiksaal im Neubau nebenan über den wichtigsten Bestand von Beethovens Werken weltweit. Von der »Mondscheinsonate« über die 6. Sinfonie »Pastorale« bis hin zu der jüngst erworbenen Handschrift der genialen 33 »Diabelli-Variationen« op. 120, die als eines der letzten Klavierwerke 1819–23 entstanden, reicht die eindrucksvolle Liste. Ein zentrales Forschungszentrum zu allen Aspekten

EINGANGSDOPPELSEITE, LINKS, UND NACHFOLGENDE ABBILDUNGEN Blick auf die Fassade und den Innenhof des Beethoven-Hauses in Bonn. Ludwig van Beethoven wurde nicht im Vorderhaus, sondern im Obergeschoss des bescheideneren Seitenflügels geboren. Der Raum ist als schlichte Gedenkstätte belassen worden. Im Übrigen sind alle Räume des erstaunlich weiträumigen Besitzes museal eingerichtet. Wichtige Musikinstrumente, die Beethoven in der Bonner wie Wiener Zeit besaß und spielte, befinden sich hier, dazu berühmte Porträts, Büsten und Hörrohre des Komponisten. Die wertvollen Autografen von Beethovens Kompositionen sind im Tresorraum im Neubau untergebracht und werden in wechselnden Ausstellungen des vorbildlich arrangierten Komponistenmuseums gezeigt.

von Beethovens Leben und Werk, die Bibliothek und ein Verlag unterstreichen den akademischen Charakter.

Für das breite Publikum, das aus der ganzen Welt hierher pilgert, ist natürlich das Geburtshaus selbst von vorrangigem Interesse. Am 15. oder 16. Dezember 1770 wurde Ludwig hier in einem Dachkämmerchen des Hinterhauses geboren. Die Beethovens waren eine in Bonn etablierte Musikerfamilie, die das »van« im Namen allerdings als Herkunftsbezeichnung, nicht als Adelstitel führte. Der Großvater war seit 1761 als Kapellmeister am kurfürstlichen Orchester angestellt, der Vater dort als Tenorist. Die Vaterbindung war durch dessen Alkoholismus getrübt, das Verhältnis Ludwigs zur Mutter deshalb stärker. Beethoven erhielt bereits als Kind eine solide Ausbildung und wehrte sich gegen die Versuche des Vaters, ihn als Wunderkind nach dem Vorbild Mozarts zu präsentieren. Für seinen Lehrer Christian Gottlob Neefe waren Haydn und Mozart die Fixsterne am musikalischen Himmel. Bonn konnte man durchaus als provinziell bezeichnen, trotzdem hatten die Freunde der Familie Weitsicht genug, die Begabung des jungen Beethoven zu erkennen und zu fördern; erste Kompositionen entstanden. Beethoven erfuhr eine solide Solistenausbildung für Klavier, Viola und Violine und wurde bald als Bratschist im Hoforchester eingestellt und hatte erste Auftritte als Pianist. Der junge Organist an St. Remigius verfügte bereits über einen kleinen Stamm an Musikschülern. Der Weitblick seiner Umgebung zeigte sich, als ihn die Familie zum weiteren Studium 1787 nach Wien schickte. Ob es tatsächlich zu einem kurzfristigen Schüler-Lehrer-Verhältnis bei Mozart gekommen ist, scheint fraglich. Die schwere Erkrankung der Mutter erzwang die Rückreise bereits nach wenigen Wochen. Die Mutter starb 1787, der Vater 1792. Ludwig kümmerte sich zeit seines Lebens um die Restfamilie Beethoven, vor allem seine Brüder. 1790 kam es in Bad Godesberg zu einer ersten Begegnung mit Joseph Haydn, der das Talent des jungen Komponisten erkannte.

Dies war ein Grund mehr für Beethoven, 1792 erneut nach Wien aufzubrechen, um Schüler bei einem der großen Vorbilder zu werden. Der Kurfürst und einige Bekannte wie der Graf Waldstein unterstützten ihn bei der Realisierung des Plans. Mozart war mittlerweile verstorben, aber Haydn stand als Lehrer zur Verfügung. Der Eintrag des Ferdinand Graf Waldstein

in Beethovens Stammbuch liest sich wie eine Prophezeiung: »... durch ununterbrochenen Fleiß erhalten Sie: Mozarts Geist aus Haydns Händen.« Weil die Franzosen 1794 mit Truppen an Rhein und Mosel standen, war an eine Rückkehr nicht zu denken. Beethoven blieb für immer in Wien, einige Konzertreisen nach Sachsen und Berlin sowie die zahlreichen Kuraufenthalte ausgenommen. Freunde seiner Bonner Jugend blieben ihm allerdings auch dort eng verbunden.

Was kann der Besucher erwarten? Die museal gestalteten Räume umfassen das Hinterhaus, welches die Beethovens seinerzeit bewohnten, sowie Räume des Vorderhauses in drei Geschossen. Die Ausstellung schreitet den gesamten Lebensweg Beethovens ab. Schwerpunkt ist naturgemäß die Bonner Zeit: Familienporträts, Bilder der Freunde, die erste Bratsche und das Manual der Orgel, die der junge Beethoven spielte. Erstaunlicher sind für den Ort Bonn die reichen Exponate aus der Wiener Zeit des Komponisten: etwa die Hörrohre, die sich der Komponist konstruieren ließ, als sich nach 1800 die Ohrerkrankung bereits ankündigte, dann die Konversationshefte – anrührende Dokumente des um 1818 völlig Ertaubten, der nur noch schriftlich mit seiner Umwelt kommunizieren konnte; schließlich die Lebendmaske von 1812 sowie die berühmte Totenmaske von 1827. Kein Beethoven-Bildnis hat für die Nachwelt das Bild vom Komponisten so geprägt wie das gute Porträt von Joseph Karl Stieler aus dem Jahr 1820, das hinter zwei Hammerflügeln präsentiert wird: Den von Conrad Graf 1824 gefertigten spielte Beethoven bis zum Tod. Diverse Mutimediaexperimente lassen sich im Neubau nebenan durchführen, von virtuellen Internetführungen bis hin zu animierten Inszenierungen der Oper »Fidelio«. Im Shop sind Aufnahmen käuflich zu erwerben, die auf Beethovens Originalinstrumenten eingespielt wurden.

Schumanns Lebensende in Bonn

Das Schumannhaus in Bonn-Endenich hält mit einem liebevoll ausgestatteten Gedenkraum das Sterbezimmer Robert Schumanns (1810–1856) in Ehren. Nach einem Suizidversuch verbrachte dieser die letzten zwei Jahre seines Lebens in der Nervenheilanstalt des Dr. Richarz in Endenich, wo ihn Clara Schumann gemeinsam mit Johannes Brahms ein letztes Mal vier Tage vor seinem Tode besuchte. Die zentrale deutsche Schumann-Gedenkstätte wurde in der Bilker Straße in Düsseldorf, in seinem letzten Wohnhaus vor dem Zusammenbruch 1854, eingerichtet.

Ein transparentes Glashaus mit großer Kunst

DAS MUSIKTHEATER IM REVIER IN GELSENKIRCHEN

BAUZEIT
1956-59
ARCHITEKTEN
WERNER RUHNAU MIT
HARALD DEILMANN,
ORTWIN RAVE UND
MAX VON HAUSEN
BETEILIGTE KÜNSTLER
ROBERT ADAMS, YVES KLEIN,
NORBERT KRICKE UND
JEAN TINGUELY

Gelsenkirchen in einem Buch über Orte der Musik und Dichtung? Es mag stellvertretend für viele kommunale Theater- und Opernhäuser Deutschlands stehen, das eine dezentrale Theaterkultur sein eigen nennt, die in Europa wahrlich einzigartig ist. Dies hat viel mit der Geschichte Nachkriegsdeutschlands zu tun; allerdings reichen die Wurzeln dieser reichen Theaterlandschaft weit ins 19. Jahrhundert zurück. Was damals seinen Ursprung im Flickenteppich von Königreichen, Herzogtümern und Grafschaften hatte, deren Fürsten jeweils ein Hoftheater begründeten und pflegten, wurde im 20. Jahrhundert zum Ausdruck kommunalen Stolzes. Im Ruhrgebiet, der in den Jahren von 1950 bis 1980 florierenden Bergbau- und Montanregion unseres Landes, kam ein spezifisch demokratischer Anspruch noch hinzu, der hochrangige Kultur für wenig Geld auch einem Publikum aus unterer Mittelschicht und Arbeiterklasse ermöglichen sollte. Die besten Intendanten dieser Jahre sahen immer eine besondere Herausforderung darin, nicht nur an den kommunalen Bühnen, die allesamt nach den Zerstörungen des Zweiten Weltkrieges neu errichtet wurden, sondern auch etwa im Rahmen der 1947 begründeten Ruhrfestspiele in Recklinghausen zu arbeiten. Stellvertretend für andere Äußerungen sei der 1990/91 angetretene ehemalige Intendant Hansgünther Heyme zitiert, der »Kultur

EINGANGSDOPPELSEITE, LINKS
Besonders im Abendlicht, wenn die Theaterbesucher sich in den Wandelgängen und im Foyer bewegen, entfaltet der beleuchtete Glasbau des Architekten Werner Ruhnau seine volle Wirkung. So modern wie dieser geniale Entwurf wirken heute nur noch wenige Bauten aus den fünfziger Jahren.

als das gemeinsame Erbe der Nationen zwischen Atlantik und Ural« verstand, das »als die Basis Europas angesehen werden« müsse. »Wachsendem Nationalismus und Fremdenfeindlichkeit« könne mit Kulturarbeit im Rahmen einer auf Europa ausgeweiteten Festspielidee erfolgreich entgegengewirkt werden.

Kein anderer Theaterbau könnte dieses Credo eines Intendanten besser zum Ausdruck bringen als das 1959 eröffnete Musiktheater in Gelsenkirchen. Der Architekt Werner Ruhnau hatte sich durch einen innovativen Neubau des Theaters im westfälischen Münster für die Aufgabe empfohlen. In Gelsenkirchen entwarf er einen zur Stadt hin ganz durchlichteten Glaskasten, der die Funktion des Baus in mehrfacher Hinsicht transparent macht: Das Publikum in den Foyers bleibt im Zwischenbereich, für alle sichtbar zwischen Innen und Außen; die funktionale Trennung von Foyer, Zuschauerraum, Bühnenhaus und technischen Räumen wird eindrucksvoll unterstrichen. Dem Architekten und Gestalterteam rund um Ruhnau gelang in der Tat ein großer Wurf, der auch heute keineswegs angestaubt oder museal wirkt. Dazu trug neben der luftigen, an die Tradition des Bauhauses anschließenden Architektur mit ihrer zeitlosen Modernität entscheidend bei, dass Ruhnau erstrangige Künstler gewinnen konnte, die dem kristallinen Baukörper in Details eine Dynamik und Wärme einschrieben, die Architektur eben selten alleine zustande bringt. Der Brite Robert Adams gestaltete das vorgelagerte Kassenhaus als weißes Betonrelief, das zum Herumlaufen anregt und die Besucher als Teil einer Inszenierung versteht. Norbert Kricke belegte die Fassade des Kleinen Hauses mit einem dynamischen Geflecht von Stäben, und für die Foyers gestaltete Jean Tinguely zwei mechanische Wandreliefs, sein erster öffentlicher Auftrag überhaupt.

Wirklich spektakulär ist der Aufenthalt in den hohen luftigen Foyers des Großen Hauses. Hier stimmen alle Details der Architektur, von den Treppengeländern bis zu den Fensterprofilen, von den Beleuchtungskörpern bis zu den Sitzgelegenheiten. Die Rundung des Auditoriums, die von luftigen Treppen abgeschlossen wird, formte Paul Dierkes mit unregelmäßigen Vertiefungen im weißen Putz wie eine leicht bewegte Raumskulptur.

Den eigentlichen Coup landete Ruhnau jedoch, als er den großen Künstler der Abstraktion, Yves Klein, dazu gewinnen konnte, die Wände der

Garderoben im Erdgeschoss wie im Foyer darüber mit blauen Reliefs zu beleben. 20 mal 7 Meter groß sind die Arbeiten links und rechts; an den Stirnseiten installierte Klein seine berühmten Schwammreliefs mit einer für Gelsenkirchen abgewandelten Version des legendären I.K.B. (International Klein Blue), jener giftig-kühlen Ultramarinfarbe, die in ihrer unendlichen Tiefenwirkung zum Markenzeichen des Künstlers wurde.

1997 ist das gesamte Bauensemble endlich unter Denkmalschutz gestellt worden. Dabei war lange nicht klar, ob sich eine Stadt wie Gelsenkirchen ein solches Haus mit eigenem Opern- und Tanzensemble dauerhaft würde leisten können. Die kommunalen Verwaltungen des Ruhrgebiets waren bei der Umwandlung einer ganzen Region weg vom Bergbau und Stahl und hin zur Dienstleistungsgesellschaft zu allerlei Umschichtungen, Zusammenlegungen von Ensembles und Orchestern sowie schmerzhaften Einschnitten gezwungen. Dass für ein Haus wie das Musiktheater im Revier nicht nur 2009 eine umfangreiche Renovierung inklusive Erhöhung des Zuschauerraums mit seinen gut tausend Plätzen gestemmt werden konnte, sondern zugleich auch noch dauerhaft lebendiges wie anspruchsvolles Theater sichergestellt wurde, zeugt von der Verankerung einer Institution wie dieser in der Bevölkerung. Kultur als sinnstiftendes Moment der Identifikation auch in wirtschaftlichen Krisenzeiten: Auch das ist eine Botschaft, die vom Gelsenkirchener Theaterbau in seiner zeitlosen Schönheit und Eleganz ausgeht.

Alvar Aalto in Essen

Im benachbarten Essen gab es bereits seit 1959 die Pläne des großen finnischen Architekten und Designers Alvar Aalto für ein Opernhaus. Aber erst sieben Jahre nach Aaltos Tod wurde dieses ab 1983 gebaut, dann 1988 mit Richard Wagners »Meistersingern« festlich eingeweiht. Aalto orientierte sich beim Essener Theater an seinem großen Konzerthaus in Helsinki, der Finlandia-Halle. Dort wie hier dynamisierte er Außen- wie Innenbau gleichermaßen. Das Nordlicht spielte in seinem Werk eine besondere Rolle, genauso wie die dichten Fichtenstämme der unendlichen Wälder seiner Heimat. Insbesondere die Nordlichtassoziation drängt sich bei den gestaffelten Balkonen im Zuschauerraum des Aalto-Theaters auf, die ihre Entsprechung in den Umgängen des Foyers haben. Sie harmonieren ideal mit der indigoblauen Wanddekoration, wie sie auch die Finlandia-Halle bereits ausgezeichnet hatte.

VERZEICHNIS DER ORTE

INTERNETADRESSEN MIT INFORMATIONEN ZU ANFAHRT, ÖFFNUNGSZEITEN UND BESUCHERSERVICE

12 Husum, Theodor-Storm-Museum
www.storm-gesellschaft.de

18 Lübeck, Buddenbrookhaus
www.buddenbrookhaus.de

24 Hamburg Laiszhalle und Brahms-Museum
www.brahms-hamburg.de

30 Hiddensee, Gerhart-Hauptmann-Haus
www.gerhart-hauptmann.de/Museum_Hiddensee

36 Wolfenbüttel, Lessinghaus und Herzog August Bibliothek
www.hab.de

44 Theodor Fontane in Neuruppin und Gransee
www.fontane-gesellschaft.de

50 Berlin, Philharmonie und Konzerthaus am Gendarmenmarkt
www.berliner-philharmoniker.de
www.konzerthaus.de

56 Buckow, Brecht-Weigel-Haus
www.brechtweigelhaus.de

62 Schloss Wiepersdorf bei Jüterbog
www.schloss-wiepersdorf.de

68 Halle, Händel-Haus
www.haendel-in-halle.de

74 Leipzig, Thomaskirche
www.thomaskirche.org

80 Leipzig, Gewandhaus und Mendelssohn-Haus
www.gewandhaus.de
www.mendelssohn-stiftung.de

86 Dresden, Semperoper
www.semperoper.de

92 Weimar, Goethes Gartenhaus und Wohnhaus
www.klassik-stiftung.de

102 Weimar, Liszt-Haus
www.klassik-stiftung.de

106 Weimar, Nietzsche-Archiv
www.klassik-stiftung.de

112 Eisenach, Bachhaus
www.bachhaus.de

118 Bayreuth, Markgräfliches Opernhaus und Ruinentheater von Sanspareil
www.schloesser.bayern.de

126 Bayreuth, Richard-Wagner-Festspielhaus und Haus Wahnfried
www.bayreuther-festspiele.de
www.wahnfried.de

132 Bamberg, ETA Hoffmann-Haus
www.etahg.de

136 München, Cuvilliés-Theater
www.schloesser.bayern.de
www.bayern.de

142 Meersburg, Annette-von-Droste-Hülshoff
www.burg-meersburg.de
www.fuerstenhaeusle.de

150 Gaienhofen, Hermann-Hesse-Haus
www.hermann-hesse-haus.de

156 Marbach, Schiller-Geburtshaus und Literaturarchiv
www.schillersgeburtshaus.de
www.dla-marbach.de

162 Tübingen, Hölderlinturm
www.hoelderlin-gesellschaft.de

166 Heidelberg, Philosophenweg, Schwetzingen
www.schloss-schwetzingen.de

172 Bernkastel-Kues, Cusanusstift
www.cusanus.de

178 Bonn, Beethoven-Haus
www.beethoven-haus-bonn.de

184 Gelsenkirchen, Musiktheater im Revier
www.musiktheater-im-revier.de

WIDMUNG

Für Raphael

HORST UND DANIEL ZIELSKE

Umschlag: Buddenbrookhaus in Lübeck, Landschaftszimmer
Seite 2: Markgräfisches Opernhaus, Theaterraum
Seite 4/5: Ausstellungsstücke im Bachhaus, Eisenach
Seite 11: Wohnung der Annette von Droste-Hülshoff im Schloss Meersburg
Seite 188: Blick in den Augusteersaal der Herzog August Bibliothek, Wolfenbüttel

Abbildungsnachweis: Bildarchiv Monheim S. 24 (Dorfmüller/Kröger), 46 (F. Monheim/R. von Götz), 132 (Peter Eberts), 178 (Hartmut Junker); Förderverein Hermann-Hesse-Haus und Garten e.V. S. 132 (Hermann-Hesse-Haus, 2009); Picture-Alliance S. 126 (Bildagentur Huber), 181 (akg-images), 182 (dpa); 184 (dpa Foto: Helga Lade Fotoagentur GmbH)

Deutsche Originalausgabe

Ein Unternehmen der La Martinière Groupe

Gestaltung: Büro Sieveking, München
Umschlaggestaltung: Groothius, Lohfert, Consorten | glcons.de
Satz und Herstellung: Büro Sieveking, München
Lithografie: Reproline mediateam, München
Druck: Firmengruppe APPL, aprinta druck, Wemding

Printed in Germany

ISBN 978-3-86873-268-9

www.knesebeck-verlag.de